# 7 x 7 Geschichten
## aus der Neukirchener Kinder-Bibel

von Irmgard Weth
mit Bildern von Kees de Kort

Dieses Buch gehört:

# Diese Sonderausgabe
enthält ausgewählte Geschichten aus der Neukirchener Kinder-Bibel.

▶ Die „7x7 Geschichten" möchten neugierig machen auf das Buch der Bücher und seine einzigartige Botschaft.

▶ Sie möchten dazu einladen, mit unseren Kindern nach Gott zu fragen und mit ihnen gemeinsam den Weg des Glaubens zu wagen.

▶ Dieser Sonderband bietet nur einen kleinen Ausschnitt aus der großen Geschichte Gottes mit seinen Menschen. Wenn Sie mehr darüber erfahren wollen, empfehlen wir Ihnen die vollständige **Neukirchener Kinder-Bibel.**

▶ Und wenn Sie noch mehr Geschichten aus der Bibel kennen lernen wollen, empfehlen wir Ihnen die große **Neukirchener Erzählbibel.**

▶ Und wenn Sie glauben, alle Geschichten der Bibel zu kennen, werden Sie in der Bibel selbst noch viel mehr entdecken und staunend erkennen, dass dieses Buch alle anderen Bücher übertrifft, weil Gott durch dieses Buch zu uns spricht.

*„Unwiderlegbar, unzerstörbar, nie abgenutzt durch die Zeit wandert die Bibel durch die Zeitalter. Ohne Zögern schenkt sie sich allen Menschen. Sie spricht in jeder Sprache und zu jedem Lebensalter. Noch heute ist es, als hätten wir nicht einmal damit begonnen, sie zu lesen."*

*A. Heschel*

# INHALT

## Das Alte Testament

**Gott macht den Anfang** . . . . . . . . . . . 5

1. Am Anfang . . . . . . . . . . . . . . . . 6
2. Mann und Frau . . . . . . . . . . . . . 10
3. Die Schlange . . . . . . . . . . . . . . 10
4. Kain und Abel . . . . . . . . . . . . . 12
5. Noah und die Arche . . . . . . . . . . 14
6. Der Turm von Babel . . . . . . . . . 17
7. Abraham
   bekommt ein Versprechen . . . . . . 19

**Gott führt sein Volk** . . . . . . . . . . . . . 23

8. Durch das Rote Meer . . . . . . . . . 23
9. Hunger . . . . . . . . . . . . . . . . . . 26
10. Am Berg Sinai . . . . . . . . . . . . . 27

**Gott rettet sein Volk** . . . . . . . . . . . . . 30

11. Saul wird König . . . . . . . . . . . . 30
12. David . . . . . . . . . . . . . . . . . . . 32
13. David und Goliat . . . . . . . . . . . 34
14. David muss fliehen . . . . . . . . . . 37
15. David in der Höhle . . . . . . . . . . 38
16. David in der Wüste . . . . . . . . . . 39
17. David wird König . . . . . . . . . . . 40
18. David
    bekommt ein Versprechen . . . . . . . 42

## Das Neue Testament

**Jesus, der Retter, ist da!** . . . . . . . . . . . 47

19. Gute Nachricht für Zacharias . . . . 48
20. Gute Nachricht für Maria . . . . . . . 51
21. Jesus wird geboren . . . . . . . . . . 52
22. Ehre sei Gott! . . . . . . . . . . . . . . 54

23. Endlich ist er da! . . . . . . . . . . . . 55
24. Der neue König . . . . . . . . . . . 56
25. Am Jordan . . . . . . . . . . . . . . . . 58

**Jesus hilft** . . . . . . . . . . . . . . . . . . . 61

26. Am See . . . . . . . . . . . . . . . . . . 61
27. Auf der Hochzeit . . . . . . . . . . . 65
28. Ausgestoßen . . . . . . . . . . . . . . 66
29. Gelähmt . . . . . . . . . . . . . . . . . 68
30. Zu spät? . . . . . . . . . . . . . . . . . 69
31. Im Sturm . . . . . . . . . . . . . . . . 71
32. Alle werden satt . . . . . . . . . . . . 72

**Jesus erzählt** . . . . . . . . . . . . . . . . . 74

33. Vom Sämann . . . . . . . . . . . . . . 74
34. Vom barmherzigen Samariter . . . 75
35. Vom verlorenen Sohn . . . . . . . . 77

**Jesus muss sterben** . . . . . . . . . . . . . 80

36. Hosianna! . . . . . . . . . . . . . . . . 80
37. Jesus räumt auf . . . . . . . . . . . . . 82
38. Jesus wäscht den Jüngern die Füße 83
39. Jesus feiert das Mahl . . . . . . . . . 85
40. Jesus betet in Gethsemane . . . . . 86
41. Jesus wird verhaftet . . . . . . . . . 88
42. Jesus wird verhört . . . . . . . . . . 89
43. Jesus wird verleugnet . . . . . . . . 90
44. Jesus wird verurteilt . . . . . . . . . 91
45. Jesus wird gekreuzigt . . . . . . . . 93

**Jesus lebt** . . . . . . . . . . . . . . . . . . . 98

46. Jesus erscheint den Frauen . . . . . 99
47. Jesus erscheint den Jüngern . . . . 100
48. Jesus geht zum Vater . . . . . . . . 102
49. Gott schenkt seinen Geist . . . . . 103

## Anhang

Zum Verständnis
biblischer Geschichten . . . . . . . . . . 106

# Das Alte Testament

## Gott macht den Anfang

*Dies ist die Geschichte,*
*die uns die Bibel erzählt.*
*Sie erzählt von Gott*
*und seinen Menschen*
*und von dem Weg,*
*den er mit ihnen ging.*
*Es ist eine sehr lange Geschichte,*
*die längste und größte*
*und erstaunlichste Geschichte,*
*die uns Menschen bekannt ist.*
*Sie begann schon vor langer Zeit,*
*lange bevor wir geboren wurden,*

*lange bevor unsere Eltern*
*und Großeltern lebten.*
*Vor vielen, vielen Jahren,*
*als noch kein Mensch*
*auf der Erde lebte,*
*als noch keine Blume*
*und kein Baum auf der Erde wuchs,*
*noch viel, viel früher,*
*als es noch nicht einmal die Erde gab,*
*da war Gott schon da,*
*ganz am Anfang.*
*Mit ihm beginnt diese Geschichte.*

# 1. Am Anfang

Am Anfang
schuf Gott Himmel und Erde.

Noch war die Erde öde
und ohne Leben.
Wasser bedeckte das Land.
Und es war überall dunkel.

**D**a sprach Gott:
„Es werde Licht!"

Und es geschah,
wie Gott gesagt hatte:
Über der Erde wurde es hell.

Und Gott sah,
dass das Licht gut war.
Er trennte das Licht von dem Dunkel.
Und er nannte das Licht „Tag".
Und das Dunkel nannte er „Nacht".

Da wurde es Abend.
Die Erde lag wieder im Dunkeln.
Der *erste* Tag war vorüber.

**U**nd Gott sprach:
„Über der Erde
soll ein Himmel entstehen!"

Und so geschah es:
Gott spannte das Firmament
über die Erde
und nannte es „Himmel".

Und Gott sah,
dass es gut war,
was er gemacht hatte.

Wieder wurde es Abend.
Der *zweite* Tag war vorüber.

**U**nd Gott sprach:
„Alles Wasser soll weichen!"

Und so geschah es:
Das Wasser floss zusammen.
Und trockenes Land trat
aus dem Wasser hervor.
Und Gott nannte das Trockene „Land".
Und das Wasser nannte er „Meer".

Und Gott ließ auf dem Land wachsen
Gräser und Kräuter
und Bäume aller Art.

Und Gott sah,
dass es gut war,
was er gemacht hatte.

Wieder wurde es Abend.
Der *dritte* Tag war vorüber.

**U**nd Gott sprach:
„Lichter sollen am Himmel leuchten
bei Tag und bei Nacht!"

Und so geschah es:
Am Morgen ging die Sonne auf,
strahlend und hell.
Und am Abend leuchtete
der Mond am Himmel.
Und viele Sterne funkelten
in der dunklen Nacht.

Und Gott sah,
dass es gut war,
was er gemacht hatte.

Da war der *vierte* Tag vorüber.

**U**nd Gott sprach:
„Tiere sollen das Wasser
und die Luft mit Leben erfüllen!"

Und so geschah es:
Im Wasser wimmelte es
von Fischen, großen und kleinen.

Und Vögel flogen
in Schwärmen herbei
und erfüllten die Luft
mit ihrem Geschrei.

Und Gott sah,
dass es gut war,
was er gemacht hatte.
Er segnete die Fische und Vögel
und sprach:
„Vermehrt euch!
Legt Eier und brütet sie aus!
Wasser und Luft
sollen von euch erfüllt sein."

Wieder wurde es Abend.
Der *fünfte* Tag war vorüber.


Und Gott sprach:
„Auch auf dem trockenen Land
sollen allerlei Tiere leben!"

Und so geschah es:
Gott schuf die Tiere
die auf dem Land leben,
große und kleine
flinke und lahme,
wilde und zahme,
alles, was kriecht
und was Beine hat.

Und Gott sah,
dass es gut war,
was er gemacht hatte.


Zuletzt aber schuf Gott
die Menschen.
Gott sprach:
„Ich will Menschen machen,
die mir gleichen.
Über alle Tiere
will ich sie stellen."

Und Gott schuf Menschen
nach seinem Bild:
Mann und Frau.

Und Gott segnete sie
und sprach:
„Vermehrt euch!
Breitet euch aus über die Erde!
Alles, was ich gemacht habe,
soll für euch da sein,
die Bäume und die Früchte,
die Fische und die Vögel
und die Tiere auf dem Land.
Alles soll euch gehören,
euch und allen Menschen,
die auf der Erde leben werden.
Aber ihr sollt mir gehören."

Und Gott sah auf alles,
was er gemacht hatte.
Es war alles sehr gut.

Da wurde es Abend.
Der *sechste* Tag war vorüber.


Am *siebten* Tag aber ruhte Gott
und vollendete sein Werk.
Gott segnete den siebten Tag
und sprach:
„Dieser Tag soll mein Tag sein.
Alle Arbeit soll ruhen
an diesem Tag!"

So wurden Himmel und Erde
durch Gott geschaffen.
Alles, was in dieser Welt ist,
kommt von ihm.

1. Mose 1

*Gottes gute Erde*

*Und Gott sah auf alles,
was er gemacht hatte.
Es war alles sehr gut.*

## 2. Mann und Frau

So schuf Gott den Menschen:
Er machte ihn aus Erde
und hauchte ihm Leben ein.
Und Gott ließ ihn wohnen in Eden,
in einem Garten
mit vielen Bäumen
und köstlichen Früchten.
Der Mensch durfte ihn pflegen
und seine Früchte ernten.
Der ganze Garten war für ihn da.

Da sprach Gott:
„Es ist nicht gut,
dass der Mensch allein bleibt.
Ich will ihm eine Gefährtin geben,
die ihm gleich ist,
die zu ihm gehört
und die ihn versteht."

Und Gott brachte Tiere zu ihm.
Und der Mensch
gab ihnen Namen,
jedem Tier einen besonderen Namen.

Aber unter allen Tieren
fand sich kein Tier,
das dem Menschen gleich war.
Mit keinem konnte er reden.
Und kein Tier konnte
den Menschen verstehen.

Da ließ Gott den Menschen
in einen tiefen Schlaf sinken.
Und als er aufwachte,
da war eine Frau bei ihm.
Gott hatte sie ihm gegeben.
„Endlich!", rief er froh.
„Das ist sie,
meine Frau,
der Mensch,
der mir fehlte!"

Nun war der Mensch
nicht mehr allein.
Nun gehörten sie
für immer zusammen:
Frau und Mann,
Mann und Frau.
Gott hatte sie
füreinander geschaffen.

1. Mose 2

## 3. Die Schlange

Adam und Eva hießen die Menschen,
die Gott geschaffen hatte.
Sie lebten miteinander in Frieden.
Sie kannten keine Angst
und auch keine Schmerzen.
Es fehlte ihnen an nichts.
Gott war bei ihnen
und sorgte für sie
wie ein Vater für seine Kinder.

Alles hatte Gott
den Menschen gegeben.
Alles, was im Garten wuchs,
durften sie ernten und essen.
Nur eines hatte Gott verboten:
Mitten im Garten
stand ein besonderer Baum,
der „Baum der Erkenntnis".
Wer von diesem Baum aß,
wusste, was gut und böse ist.
Dieser Baum gehörte nur Gott.
Gott hatte zu Adam gesagt:
„Alle Früchte dürft ihr essen.
Aber von diesem Baum
sollt ihr keine Frucht essen.
Sonst werdet ihr sterben."

Aber eines Tages geschah es:
Eva ging mit Adam im Garten umher.
Plötzlich hörte sie eine Stimme.
Sie schaute sich um.
Da entdeckte sie eine Schlange.
Die sah sie listig an
und flüsterte ihr zu: „Wie?
Dürft ihr keine Früchte essen?
Hat Gott das gesagt?"

„Aber nein", widersprach Eva.
„Alles dürfen wir essen.
Nur von dem Baum in der Mitte
sollen wir nichts essen.
Gott hat gesagt:
‚Esst nicht davon!
Rührt seine Früchte nicht an!
Sonst müsst ihr sterben.'"

Aber die Schlange flüsterte:
„Nein, glaubt mir!
Ihr werdet nicht sterben.
Das hat Gott nur so gesagt.
Aber es ist nicht wahr.
Sondern ihr werdet
wie Gott sein,
so klug wie Gott selbst."

Da sah Eva den Baum an.
Wie verlockend seine Früchte waren!
Eva streckte die Hand aus
pflückte eine Frucht,
biss hinein
und gab sie ihrem Mann.
Der nahm die Frucht
und aß auch davon.

Auf einmal gingen
den beiden die Augen auf.
Plötzlich erkannten sie,
dass die Schlange sie betrogen hatte.
Sie schauten sich erschrocken an.

Da sahen sie, dass sie nackt waren.
Schnell rissen sie
ein paar Feigenblätter ab
und banden sie sich um.

Schon kam der Abend heran.
Da hörten sie,
wie Gott durch den Garten ging.
Voll Angst liefen sie davon
und versteckten sich
zwischen den Bäumen.

Aber Gott hatte sie längst gesehen.
„Adam", rief er, „wo bist du?"
Zitternd kam Adam
aus seinem Versteck hervor.
„Adam", sprach Gott,
„hast du von dem Baum gegessen?"
„Ja", gab Adam zu,
„ich habe es getan.
Aber Eva war schuld daran.
Sie gab mir die Frucht."

„Eva", sprach Gott,
„warum hast du das getan?"
„Ich war nicht schuld",
wehrte sich Eva.
„Die Schlange war schuld.
Sie hat mir gesagt,
dass ich von dem Baum essen darf."

Da sprach Gott zur Schlange:
„Verflucht sollst du sein,
weil du das getan hast.
Die Tiere werden dir
aus dem Weg gehen
und die Menschen dir feind sein."

Und zu Eva sprach Gott:
„Du wirst viel Mühe haben
in deinem Leben.
Kinder wirst du gebären,
aber mit Schmerzen."

Und zu Adam sprach er:
„Auch du wirst es schwer haben.
Felder wirst du bebauen.
Aber Dornen und Disteln
werden darauf wuchern.
Und deine Arbeit
wird dich viel Schweiß kosten."

Nun war mit einem Mal
das Leben mit Gott zu Ende.
Adam und Eva mussten
den Garten verlassen.
Gott selbst wies sie hinaus.
Gerne wären die beiden
wieder zurückgekehrt.
Aber Engel mit feurigen Schwertern
bewachten den Zugang zum Garten.

Doch Gott ließ auch jetzt
seine Menschen nicht los.
Er erhielt sie am Leben
und gab ihnen alles,
was sie zum Leben brauchten:
Kleider aus Fellen,
um sie vor Kälte zu schützen,
und Korn und Früchte,
um ihren Hunger zu stillen.

Aber der Tag war noch fern,
an dem Gott selbst
zu den Menschen kommen würde,
um sich mit ihnen zu verbinden
für immer…

1. Mose 3

## 4. Kain und Abel

Adam und Eva lebten nun
fern von Gott.
Doch eines Tages geschah,
was Gott gesagt hatte:
Eva gebar einen Sohn.
Sie nannte ihn Kain.
Bald darauf gebar sie
noch einen Sohn,
den nannte sie Abel.

Kain wuchs heran
und wurde ein Bauer.
Er arbeitete auf dem Feld
wie sein Vater,
säte und erntete das Korn.
Abel aber wurde ein Hirte.
Er führte die Schafe auf die Weide
und sorgte für sie.

Kain und Abel
hatten Gott nie gesehen.
Aber sie dachten oft an ihn.
Sie brachten ihm Opfer
und dankten ihm für alles,
was er ihnen zum Leben gab.

Wenn Abel opferte,
wählte er das schönste Schaf aus,
schlachtete es
und legte es auf einen Altar,
den er aus Steinen gebaut hatte.
Dann schob er dürre Zweige
unter das Schaf,
zündete das Opfer an
und betete zu Gott,
sobald Rauch zum Himmel aufstieg.
Und Gott sah auf Abels Opfer
und freute sich daran.

Wenn aber Kain opferte,
dann legte er auf den Altar

Körner und Früchte,
die er geerntet hatte.
Auch er zündete sein Opfer an
und betete zu Gott.
Aber es schien,
als sähe Gott sein Opfer nicht.

Da dachte Kain bei sich:
Jetzt weiß ich es sicher.
Gott liebt nur Abel.
Mich hat er nicht lieb.
Sein Gesicht wurde ganz finster.
Er konnte Abel
gar nicht mehr ansehen,
so wütend war er auf ihn.
Schließlich fasste Kain
einen furchtbaren Plan:
Abel musste sterben!
Tag und Nacht
sann er darüber nach.

Aber Gott sah,
was Kain plante.
Er warnte ihn:
„Kain, was hast du vor?
Warum blickst du so finster?

Gib Acht, was du tust!"
Doch Kain hörte nicht auf Gott.
Er lockte Abel aufs Feld,
fiel über ihn her
und schlug auf ihn ein,
bis er tot war.

Nun war es geschehen.
Abel lag am Boden
und rührte sich nicht mehr.
Auf einmal war es
totenstill auf dem Feld.
Schnell verscharrte Kain
seinen Bruder in der Erde.

Aber plötzlich –
rief da nicht jemand?
Erschrocken sah Kain sich um.
Er konnte niemand entdecken.

Gott war es, der ihn rief:
„Kain, wo ist Abel, dein Bruder?"
„Wie soll ich das wissen?",
gab Kain zurück.
„Soll ich denn meinen Bruder hüten
wie ein Hirte sein Schaf?"

Doch Gott sprach zu Kain:
„Was hast du getan?
Das Blut deines Bruders
schreit zum Himmel
und klagt dich an.
Nun musst du fliehen.
Aber wohin du auch fliehst,
nirgendwo kannst du bleiben."

Da erst begriff Kain,
was er Furchtbares getan hatte.
Seinen eigenen Bruder
hatte er umgebracht.
Schnell machte er sich auf
und lief davon.
Aber wohin?
Er wusste es selbst nicht.
Er floh von Ort zu Ort,
immer weiter.
Nirgendwo fand er Ruhe.
Überall hatte er
seinen toten Bruder vor Augen.
Sein Leben lang
konnte er ihn nicht mehr vergessen.

Gott aber gab Kain
ein Zeichen an seine Stirn
und schützte ihn,
solange er lebte.

Nun waren Adam und Eva
wieder allein wie am Anfang.
Doch Gott ließ sie
auch jetzt nicht allein.
Er schenkte ihnen
noch einen Sohn: Set.
Der wuchs heran
und hatte selbst Kinder.
Und auch seine Kinder
bekamen wieder Kinder.
So entstand bald ein großes Volk.

1. Mose 4

# 5. Noah und die Arche

Bald dachten die Menschen
nicht mehr an Gott.
Sie spielten sich auf,
als seien sie selbst Gott,
und verdarben alles,
was er gemacht hatte.
Sie raubten und mordeten
und machten sich nichts daraus.
Jeder dachte nur an sich selbst
und tat, was ihm allein nützte.

Da tat es Gott Leid,
dass er die Menschen gemacht hatte.
Und er sprach zu sich:
„Ich will die Menschen
mitsamt der Erde verderben.
Denn sie sind alle
von Grund auf verdorben."

Nur einer war anders: Noah.
Er hörte auf Gott
und lebte,
wie Gott es gefiel.

Da sprach Gott zu Noah:
„Bau dir ein Schiff!
Denn bald wird es regnen,
so viel, dass alles Land
im Wasser versinkt.
Auch die Blumen und Bäume,
sogar die Tiere und Menschen,
alles, was lebt, wird ertrinken.
Aber dich will ich am Leben erhalten,
dich und deine Frau
und deine drei Söhne
mit ihren Frauen."

Da hörte Noah auf Gott.
Und er baute die Arche,
ein riesiges Schiff,
so hoch wie ein Haus,

drei Stockwerke hoch,
mit zahllosen Kammern,
mit Tür und Fenster
und einem richtigen Dach.

Danach sprach Gott:
„Nun wähle von allen Tieren
je ein Paar aus
und bringe sie in die Arche hinein!
Denn auch sie will ich
am Leben erhalten."

Und schon kamen sie an,
Löwen und Schafe,
auch Vögel und Käfer,
alles, was kriecht
und was Beine hat.
Von allen brachte Noah
je ein Paar in die Arche,
wie Gott gesagt hatte.
Auch schaffte er für die Tiere
gewaltige Mengen an Futter herbei.

Darauf ging Noah selbst
in die Arche hinein,
er, seine Frau
und seine drei Söhne
mit ihren Frauen.
Und Gott schloss die Tür zu.

Sieben Tage lang
blieb es still auf der Erde.
Dann verschwand die Sonne
hinter den Wolken.
Der Himmel wurde ganz schwarz.
Ein furchtbarer Regen brach los.
Es schüttete.
Es goss in Strömen.
Die Flüsse traten über die Ufer.
Sie überschwemmten das Land.
Menschen und Tiere ertranken.
Bald stand alles Land unter Wasser.

Und immer noch hörte
der Regen nicht auf.
Das Wasser stieg höher und höher,
bis zu den höchsten Bergen empor.
Schließlich war nichts mehr
zu sehen, nur Wasser,
ein unendliches Meer.
Aber die Arche
schwamm auf dem Meer,
ruhig und sicher.
Kein Tropfen Wasser
drang in sie ein.

\*

Vierzig Tage lang
dauerte der furchtbare Regen.
Da dachte Gott an Noah
und setzte dem Regen ein Ende.
Der Himmel riss auf.
Die Wolken verschwanden.
Und am blauen Himmel
strahlte wieder die Sonne.
Aber noch war alles Land
von den Fluten bedeckt.

Tage und Wochen vergingen.
Das Wasser sank nur ganz langsam.
Die Arche trieb
immer noch ziellos dahin.
Endlich, nach vielen Wochen,
lief sie auf einen Berg auf.
Der lag noch ganz unter Wasser.
Aber nach und nach
trat die Spitze des Berges
aus dem Wasser hervor.

Nun wusste Noah:
Bald ist es so weit.
Er öffnete das Fenster
und ließ eine Taube hinausfliegen.
Aber am Abend kam die Taube zurück.
Sie hatte kein Futter gefunden.

Da wartete Noah noch eine Woche.
Danach ließ er noch einmal
die Taube hinausfliegen.
Und wieder kam sie zurück.
Aber diesmal hielt sie
ein Ölblatt im Schnabel,
als wollte sie sagen:
„Seht doch, die Bäume
tragen schon wieder Blätter!"

Noch eine Woche verging.
Danach ließ Noah noch einmal
die Taube hinausfliegen.
Aber diesmal kam sie
nicht mehr zurück.
Da deckte Noah das Dach ab
und schaute hinaus.
Und siehe da:
Das Land war überall trocken.

Und Gott sprach zu Noah:
„Nun geh aus der Arche,
du und deine Frau
und deine drei Söhne
mit ihren Frauen,
dazu alle Tiere!"

Da machte Noah die Tür weit auf.
Menschen und Tiere stürmten hinaus.
Wie schön war die Erde wieder!
So schön wie am Anfang!
Aus dem Boden spross grünes Gras.
Und überall blühten Blumen.

Da baute Noah einen Altar
und brachte Gott Opfer.
Gott hatte sein Versprechen gehalten
und alle am Leben erhalten,
Menschen und Tiere.
Wie dankbar war Noah dafür!
Aber was hatte Gott
in Zukunft mit ihnen vor?
Würde er die Erde
noch einmal vernichten?

Doch Gott sprach zu Noah:
„Ich will die Erde
nicht mehr verderben.
Nie mehr soll es
so eine große Flut geben.
Solange die Erde steht,
soll nicht aufhören
Saat und Ernte,

Frost und Hitze,
Sommer und Winter,
Tag und Nacht.
Und wenn noch einmal
ein großes Unwetter kommt,
sodass ihr euch fürchtet,
dann schaut auf zum Himmel!
Dort steht in den Wolken
mein Bogen.
Er ist das Zeichen,
dass ich mein Versprechen halte."

Und als Noah aufschaute,
da sah er am Himmel
einen großen Regenbogen.
Der spannte sich über die Erde
von einem Ende zum andern
und leuchtete in allen Farben.

Da dankte Noah Gott
für sein großes Versprechen.
Und er fing wieder von vorn an.
Er pflügte die Erde,
legte Äcker und Weinberge an,
säte und pflanzte.
Und Gott ließ wachsen und reifen,
was er gepflanzt hatte.

1. Mose 6–9

# 6. Der Turm von Babel

Bald gab es wieder
viele Menschen auf der Erde.
Sie sprachen dieselbe Sprache
und wohnten in Zelten.
Wo es ihnen gefiel,
schlugen sie ihre Zelte auf
und ließen sich nieder.

Eines Tages zogen sie nach Osten
und kamen in die Ebene Schinar,
in ein weites und fruchtbares Land.

Da riefen die Menschen:
„Hier gefällt es uns.
Hier wollen wir bleiben."
Und sie sagten zueinander:
„Auf, worauf warten wir noch?
Wir wollen Häuser bauen
aus festen Steinen,
richtige Häuser
mit Dächern, Fenstern und Türen."

Und sogleich fingen sie an.
Sie formten Steine aus Lehm,
brannten sie in der Hitze
und fügten die Steine zusammen.

Aber die Menschen riefen:
„Auf, wir bauen noch mehr!
Eine Stadt wollen wir bauen
mit Häusern, Straßen und Plätzen
und einer Mauer ringsum.
Dann bleiben wir für immer zusammen."

Und sogleich fingen sie an
und bauten die Stadt Babel,
eine riesige Stadt
mit vielen Häusern, Straßen und Plätzen
und einer dicken Mauer ringsum.

Aber die Menschen riefen:
„Auf, wir können noch mehr!
Einen Turm wollen wir bauen,
so hoch wie der Himmel!
Dann sind wir die Größten,
und alle Welt redet später von uns."

„Ja, das ist gut",
riefen alle begeistert.
„Auf, worauf warten wir noch?"
Und sogleich fingen sie an,
schleppten eifrig Steine herbei

und setzten einen Stein
auf den andern.

Der Turm wuchs.
Er wurde höher und höher.
Bald ragte er über die ganze Stadt.
Aber die Menschen riefen:
„Noch höher!
Viel höher!
So hoch wie der Himmel!
Wir geben nicht auf."

Aber Gott sah herab
auf die Stadt und den Turm.
Er sah, was die Menschen planten.
Da sprach er zu sich:
„So sind die Menschen.
Immer mehr wollen sie haben.
Nie ist es ihnen genug.
Am Ende wollen sie
wie Gott selbst sein."

Und Gott ließ geschehen,
was keiner gedacht hätte:
Die Menschen bekamen
untereinander Streit.

Keiner konnte mehr
den andern verstehen.
Jeder sprach nur noch
seine eigene Sprache.
Schließlich sprach niemand mehr
mit dem andern.

Da warfen die Leute
ihre Arbeit hin
und zogen aus der Stadt,
jeder in eine andere Richtung.

Der Turm aber blieb zurück,
halb fertig und verlassen.
Und alle, die später vorübergingen,
zeigten auf ihn und sagten:
„Seht doch den Turm von Babel!
Seht, was sich die Menschen
damals ausgedacht haben!
Sie wollten zusammenhalten.
Aber sie wurden zerstreut.
Sie wollten groß und stark sein.
Doch was ist von ihnen geblieben?"

1. Mose 11, 1-9

## 7. Abraham bekommt ein Versprechen

*Die Menschen hatten sich*
*von Gott abgewandt.*
*Es schien, als blieben sie nun*
*für immer von Gott getrennt.*
*Aber Gott ließ seine Kinder nicht los.*
*Er machte einen neuen Anfang*
*mit einem Mann namens Abraham.*
*Ihm gab Gott ein großes Versprechen.*

Abraham war ein Hirte.
Er wohnte in der Stadt Haran
und war sehr reich.
Er hatte viele Schafe,
auch Ziegen, Kühe und Kamele,
dazu Knechte und Mägde,
die für die Tiere sorgten.
Nur eines fehlte Abraham:
Er und seine Frau Sara
hatten kein Kind.

Eines Tages aber
sprach Gott zu Abraham:
    „Geh, Abraham!
    Geh weg von hier!
    Zieh in ein anderes Land,
    das ich dir zeigen werde.
    Dort will ich ein großes Volk
    aus dir machen.
    Ich will dich segnen.
    Und durch dich sollen
    alle gesegnet werden,
    alle Menschen auf dieser Erde."

Da hörte Abraham auf Gott,
nahm Abschied
von seinen Verwandten
und brach von Haran auf,
wie Gott gesagt hatte.

Sara, seine Frau,
und Lot, der Sohn seines Bruders,
begleiteten ihn,
dazu alle seine Knechte
mit allen Kühen, Kamelen,
Ziegen und Schafen.

Es wurde eine lange,
beschwerliche Reise.
Der Weg führte
durch heiße Wüsten
und über kahle Berge.
Abraham kam nur langsam
mit seinen Tieren voran.
Auch wusste er nicht,
wohin ihn der Weg führte.
So zog er immer weiter
und wartete,
bis Gott ihm das Land zeigte,
das er suchte.

Endlich kam er in das Land Kanaan.
Es war ein Land mit sanften Hügeln
und grünen Tälern.
Dort ließ sich Abraham nieder
und schlug sein Zelt auf
bei einer großen Eiche.

Da sprach Gott zu Abraham:
    „Schau, Abraham!
    Dies ist das Land,
    das ich dir versprochen habe.
    Dieses Land will ich
    deinen Nachkommen schenken."

Abraham horchte auf.
Was hatte Gott gesagt?
Deinen Nachkommen
will ich dieses Land schenken?

Aber er hatte doch gar keine Kinder!
Sollten er und Sara
etwa noch ein Kind bekommen?

*Im neuen Land*

„Schau, Abraham! Dies ist das Land,
das ich dir versprochen habe."

Er war doch schon 75 Jahre alt!
Und seine Frau war auch schon sehr alt.

Aber Abraham sagte nichts.
Er dachte bei sich:
Gott hat es versprochen.
Dann wird es geschehen.
Wie es geschehen wird,
weiß ich zwar nicht.
Aber ich glaube,
dass Gott es tun kann.

Da baute Abraham einen Altar,
brachte Gott Opfer
und dankte ihm
für sein großes Versprechen.

\*

Jahre vergingen.
Abraham und Sara
wurden älter und älter.
Und immer noch
warteten sie auf das Kind,
das Gott ihnen versprochen hatte.
Aber umsonst.
Es schien, als hätte
Gott sie vergessen.

Eines Nachts lag Abraham
wieder wach in seinem Zelt.
Er fand keine Ruhe.
Immerzu dachte er an das Kind,
das Gott ihnen versprochen hatte.
Wie lange noch sollten sie warten?

Da hörte Abraham eine Stimme:
„Abraham! Abraham!"
Er schreckte auf.
Wer sprach da mit ihm?
War das nicht Gottes Stimme?
„Abraham", rief die Stimme,
„fürchte dich nicht!

Ich meine es gut mit dir.
Ich will dich reich beschenken."

„Ach Herr", fragte Abraham traurig,
„was willst du mir schenken?
Du hast mir noch immer
kein Kind geschenkt.
Und bald werde ich sterben.
Was soll dann werden?"

Da sprach Gott zu Abraham:
„Komm heraus vor dein Zelt
und schau in den Himmel!
Siehst du die Sterne?
Kannst du sie zählen?"

Abraham schüttelte den Kopf.
Die Sterne zählen? Unmöglich!
Es gab viel zu viele
Sterne am Himmel.
Kein Mensch konnte sie zählen.

„Siehst du?", sprach Gott.
„So viele Kinder will ich dir geben,
wie Sterne am Himmel sind.
Und sie werden alle
in diesem Land wohnen."

Endlich kam der Tag,
auf den Abraham und Sara
so lange gewartet hatten.
Isaak wurde geboren, das Kind,
das Gott den beiden versprochen hatte.
Isaak wurde der Vater von Jakob,
der auch den Namen Israel trug.
Von ihm kommt das Volk Israel,
Gottes geliebtes Volk,
das Gott vor allen anderen Völkern
zu seinem Volk machte.

1. Mose 12 und 15

# Gott führt sein Volk

Wie Gott versprochen hatte,
so traf es auch ein:
Aus Abrahams Nachkommen
wurde ein großes Volk.
Jakob hatte zwölf Söhne.
Diese hatten wieder
viele Töchter und Söhne.
Bald wurde das Volk so zahlreich
wie die Sterne am Himmel
und wie Sand am Meer.

Aber noch hatte das Volk
kein eigenes Land,
in dem es bleiben konnte.
Lange Zeit lebte es in Ägypten.
Denn dorthin waren einst
Jakobs Söhne gezogen,
nachdem einer von ihnen, Josef,
dort zu hohen Ehren gekommen war.

Aber danach herrschte in Ägypten
ein König, auch Pharao genannt,
der wusste nichts mehr von Josef.
Er unterdrückte das fremde Volk
und machte es zu seinen Sklaven.
Ja, er war so grausam, dass er sogar
alle neugeborenen Söhne töten ließ.
nur ein Sohn, Mose, wurde gerettet.
Seine Mutter hatte ihn im Nil versteckt.
Dort fand ihn die Tochter des Pharao
und nahm ihn bei sich auf.

Viele Jahre lang wurde das Volk Israel
von Pharao schwer geplagt.
Es weinte und schrie zu seinem Gott.
Da hörte Gott auf sein Schreien
und schickte ihm einen Retter: Mose.
Gott rief Mose in der Wüste
aus einem brennenden Dornbusch.
Und Gott sprach zu Mose:
„Ich habe das Elend
meines Volkes gesehen.
Ich will es wieder
in das Land zurückbringen,
das ich ihm versprochen habe.
Du, Mose, sollst mein Volk
aus Ägypten heraus führen.
So geh nun zu Pharao und sag ihm:
‚Lass mein Volk frei!'"

Aber Pharao hörte nicht auf Mose.
Da schickte Gott schwere Plagen
über das ganze Land Ägypten,
so lange, bis Pharao schließlich
seinen Widerstand aufgab.

Endlich war das Volk Israel frei!
Voll Freude machten sich alle
auf den Weg und zogen aus Ägypten,
Männer, Frauen und Kinder,
mit Sack und Pack
und mit all ihren Tieren.

## 8. Durch das Rote Meer

Kanaan hieß das Land,
aus dem Abrahams Nachkommen
einst gekommen waren.
Dorthin wollte Gott sein Volk führen.
Aber wie sollten sie das Land finden?

Niemand kannte den Weg,
auch Mose nicht.

Da schickte Gott eine Wolke,
die zog vor ihnen her
und zeigte ihnen den Weg.
Wenn es Mittag wurde

und die Sonne hoch oben
am Himmel stand,
schützte die Wolke sie vor der Hitze.
Wenn es Abend wurde
und alle müde waren vom Wandern,
blieb die Wolke stehen.
Dann schlugen sie ihre Zelte auf
und ruhten sich aus.
Aber in der Nacht,
wenn alles dunkel war,
leuchtete die Wolke wie Feuer
und machte die Nacht hell.
Gott selbst war in der Wolke.
Er führte sein Volk
und gab ihm Schutz.

\*

Drei Tage waren die Israeliten
schon unterwegs.
Da kamen sie an das Rote Meer.
Sie setzten sich ans Ufer
und hielten Rast.
Doch plötzlich hörten sie
dumpfen Lärm hinter sich.
Erschrocken schauten sie um sich.
Da sahen sie in der Ferne
eine Staubwolke.
Wagen und Pferde stürmten heran.
Sie kamen näher und näher.
„Hilfe!", schrien die Israeliten.
„Wir sind verloren!
Die Ägypter kommen.
Sie wollen uns zurückholen."

Was sollten sie tun?
Vor ihnen lag das Meer.
Und hinter ihnen waren die Ägypter.
Da liefen sie zu Mose und schrien:
„Du bist an allem schuld!
Warum hast du uns
aus Ägypten geführt?
Nun sitzen wir in der Falle."

Aber Mose rief:
„Habt keine Angst!
Gott wird uns helfen.
Wartet nur ab!"
Und er ging an das Meer
und streckte seine Hand
über dem Wasser aus.

Da kam ein starker Wind auf.
Ein Weg tat sich vor ihnen auf,
mitten im Meer!
Mose ging hinein in das Meer.
Und alle Israeliten folgten ihm,
Männer, Frauen und Kinder.
Auf trockenem Weg zogen sie
durch das Meer bis ans andere Ufer.
Die Wolke Gottes aber
stand hinter ihnen
und verbarg sie vor den Ägyptern.

Als die Ägypter das Meer erreichten,
war es schon tiefe Nacht.
Die Israeliten waren nicht mehr zu sehen.
„Vorwärts!", schrie der König.
„Wir holen sie noch ein."

Da spornten die Ägypter ihre Pferde an
und fuhren mit ihren Wagen ins Meer.
Aber in der Dunkelheit konnten sie
den Weg kaum erkennen.
Ihre schweren Wagen
blieben im Schlamm stecken.

Plötzlich überfiel die Ägypter
schreckliche Angst.
„Zurück! Zurück!", schrien sie.
„Wir sind sonst verloren."
Aber sie kamen weder vor noch zurück.
Ihre Wagen saßen im Schlamm fest.

Schon wurde es Morgen.
Die Israeliten hatten längst
das andere Ufer erreicht.

Aber die Ägypter waren noch
mitten im Meer
und mühten sich vergeblich ab
mit ihren Wagen und Pferden.

Da streckte Mose seine Hand
wieder über das Meer aus.
Und sieh da!
Das Wasser kehrte zurück
und bedeckte Wagen und Pferde.
Alle Ägypter ertranken.

Als die Israeliten das sahen,
ehrten sie Gott
und glaubten an ihn.

Mirjam aber, Moses Schwester,
nahm ihre Pauke und sang:

*„Lasst uns dem Herrn singen!*
*Denn er hat eine große Tat getan.*
*Ross und Mann*
*hat er ins Meer gestürzt."*

Da stimmten alle Frauen
in das Lied ein,
sangen und tanzten
und dankten Gott,
der sie gerettet hatte.

2. Mose 13, 17 – 15, 21

## 9. Hunger

Tage und Wochen vergingen.
Bald waren alle Vorräte verzehrt.
Die Säcke waren leer.
Und es gab kein Fleisch
und kein Brot mehr.

Da wurden die Israeliten
von Tag zu Tag schwächer.
Der Hunger plagte sie sehr.
Sie kamen kaum noch voran.
„Ach", jammerten sie,
„wären wir doch in Ägypten geblieben!
Dort hatten wir Fleisch und Brot,
so viel wir wollten.

Aber nun müssen wir hier
in der Wüste verhungern.
Mose und Aaron,
ihr seid schuld!
Warum habt ihr uns
in diese Wüste geführt?"

Aber Mose antwortete:
„Hört, ihr Israeliten!
Warum klagt ihr uns an?
Gott hat euer Klagen gehört.
Er will euch geben,
was ihr braucht:
Fleisch am Abend
und am Morgen Brot.

Wartet nur ab!
Dann werdet ihr erfahren,
wer euer Gott ist."

Die Leute sahen Mose ungläubig an.
Fleisch und Brot in der Wüste?
Wie sollte das zugehen?

Als es aber Abend wurde,
zog eine dunkle Wolke auf.
Sie kam näher und näher.
Ein riesiger Schwarm von Vögeln
flog auf das Lager zu
und ließ sich
zwischen den Zelten nieder.
Es waren Wachteln,
große, fette, schwarze Vögel.
Schnell packten die Israeliten zu,
schlachteten die Vögel,
rösteten sie über dem Feuer
und aßen sie auf.
Alle aßen davon und wurden satt.

Und als sie am nächsten Morgen
aus ihren Zelten kamen,
da lagen auf der Erde
kleine, weiße und runde Körner.
„Was ist das?",
fragten sie einander erstaunt.
„Das ist Manna", antwortete Mose.
„Es ist das Brot,
das Gott euch geschenkt hat."

Da hoben sie die Körner auf,
kosteten und staunten.
Die Körner schmeckten süß
wie Honigkuchen.
Schnell holten sie ihre Krüge herbei,
lasen die Körner auf,
füllten die Krüge
und machten Brei und Brot
aus dem Manna.
Alle aßen davon und wurden satt,
ja, mehr als satt.

Von diesem Tag an
mussten sich die Israeliten
nie mehr um das Essen sorgen,
solange sie in der Wüste waren.
Abend für Abend
kamen die Wachteln
und Morgen für Morgen
lag das Manna auf der Erde.
Gott sorgte für die Israeliten
am Abend und am Morgen.

2. Mose 16


## 10. Am Berg Sinai

Nach vielen Wochen
kamen die Israeliten
an den Berg Sinai.
Dort schlugen sie ihre Zelte auf
und warteten,
was Gott mit ihnen vorhatte.

„Gebt Acht!", hatte Mose gesagt.
„Wenn ihr zum Berg Sinai kommt,
wird Großes geschehen.
Gott wird zu uns kommen
und uns zu seinem Volk machen."

Da holten die Israeliten
ihre schönsten Kleider hervor,
wuschen sie und bereiteten
alles für den Tag vor,
den Gott bestimmt hatte.

Am dritten Tag aber
donnerte und blitzte es.
Der ganze Berg bebte und rauchte.
Und über dem Berg
schwebte die Wolke Gottes.

Da erschrak das Volk Israel
und wagte sich nicht
an den Berg heran.
Mose aber stieg allein
auf den Berg.
Dort redete er mit Gott.

Und Gott sprach zu Mose:
„Ich bin der Herr, dein Gott.
Ich habe euch aus Ägypten,
aus der Sklaverei, geführt.
Nun gehört ihr zu mir.
Darum sollt ihr meine Gebote halten.

Und dies sind meine Gebote:

*Ich bin der Herr, dein Gott.*
 1. *Du sollst keine anderen Götter*
    *neben mir haben.*
 2. *Du sollst dir*
    *kein Bild von Gott machen.*
 3. *Du sollst den Namen des Herrn,*
    *deines Gottes, nicht missbrauchen.*
 4. *Du sollst den Feiertag heiligen.*
 5. *Du sollst deinen Vater*
    *und deine Mutter ehren.*
 6. *Du sollst nicht töten.*
 7. *Du sollst nicht die Ehe brechen.*
 8. *Du sollst nicht stehlen.*
 9. *Du sollst nicht falsch*
    *gegen deinen Nächsten aussagen.*
10. *Du sollst nicht nach dem verlangen,*
    *was anderen gehört."*

Als Mose wieder vom Berg herabkam,
sagte er den Israeliten alles,
was Gott geboten hatte.
Und er fragte sie:
„Wollt ihr Gottes Volk sein?
Wollt ihr seine Gebote halten?"

„Ja", riefen die Israeliten
wie aus einem Munde.

„Alles, was Gott gesagt hat,
wollen wir tun."

Da baute Mose einen Altar
aus zwölf Steinen
und brachte Gott Opfer.
Und Gott schloss
mit den Israeliten einen Bund.
Es war wie bei einer Hochzeit.
Alle freuten sich, dass Gott
sich mit ihnen verbunden hatte
und dass er sie so lieb hatte
wie kein anderes Volk
auf der ganzen Welt.

Und Gott sprach zu Mose:
„Nie soll mein Volk vergessen,
was ich ihm geboten habe.
Darum schreib alle Gebote
auf zwei steinerne Tafeln
und verwahre sie in einer Truhe!"

Da nahm Mose zwei Tafeln aus Stein
und schrieb alle Gebote darauf
und legte die Tafeln
in eine vergoldete Truhe,
die „Bundeslade" genannt wurde,
nach dem Bund, den Gott
mit seinem Volk geschlossen hatte.
Und Mose ließ ein großes Zelt
aus kostbaren Decken errichten
und stellte die Bundeslade ins Zelt.
„Seht", rief Mose,
„das ist das Zelt Gottes!
Hier will Gott unter uns wohnen."

\*

Fast ein Jahr lang
blieb das Volk Israel am Berg Sinai.
Danach brach es seine Zelte ab
und zog weiter durch die endlose Wüste.
Aber das Zelt Gottes begleitete sie.
Und sein Segen blieb über ihnen.

Und dies ist der Segensspruch,
den Gott seinem Volk schenkte:

*Mose empfängt die Gebote*

„*Der Herr segne dich
und behüte dich;
der Herr lasse sein Angesicht
leuchten über dir
und sei dir gnädig.
Der Herr wende dir
sein Angesicht zu
und gebe dir Frieden.*"

2. Mose 19 ff. / 4. Mose 6, 24 ff.

# Gott rettet sein Volk

*Vierzig Jahre lang wanderte
das Volk Israel durch die Wüste.
Danach nahm es das Land ein,
das Gott ihm versprochen hatte:
das Land Kanaan,
das von nun an Israel hieß.*

*Endlich hatte das Volk Israel,
was es so lange erhofft hatte.
Aber noch herrschte
kein Frieden im Land.
Immer wieder fielen Feinde
in das Land ein und zerstörten alles,
was das Volk Israel aufgebaut hatte.*

*Da verloren die Israeliten allen Mut.
Und sie sagten sich:
„Wenn wir doch einen König hätten,
wie ihn die anderen Völker haben!"
Und sie gingen zu Samuel,
dem Mann Gottes, und baten ihn:*

*„Gib uns einen König!
Der soll über uns herrschen
und unsere Feinde vertreiben."*

*Aber Samuel antwortete:
„Wozu braucht ihr einen König?
Habt ihr vergessen,
wer euer König ist?
Gott der Herr.
Er hat euch bisher geführt
und euch vor euren Feinden bewahrt."
Doch die Israeliten drängten Samuel:
„Wir wollen aber einen anderen
König haben, einen richtigen König
wie alle anderen Völker."*

*Da sprach Gott zu Samuel:
„Tu, was sie sagen!
Sie sollen ihren König haben.
Aber ich will ihn für sie auswählen."*

## 11. Saul wird König

Zu der Zeit lebte in Israel
ein junger Mann namens Saul.
Er war kräftig und groß
und half seinem Vater
bei der Arbeit auf dem Feld.
Eines Tages rief ihn sein Vater:
„Saul, unsere Esel sind entlaufen.
Such sie und bring sie zurück!"

Da machte sich Saul
mit seinem Knecht auf die Suche.
Er zog über die Berge
und durch die Täler.
Er suchte alle Wege ab.
Aber die Esel fand er nicht.

Da sagte der Knecht zu Saul:
„Nicht weit von hier liegt eine Stadt.
Dort ist gerade Samuel zu Besuch.
Warum fragen wir ihn nicht?
Vielleicht weiß er, wo die Esel sind."
So zogen die beiden zu der Stadt,
um Samuel zu befragen.

Als sie durch das Stadttor gingen,
kam ihnen Samuel schon entgegen.
Aber Saul erkannte ihn nicht.
„Weißt du, wo Samuel wohnt?",
fragte ihn Saul.
„Ich bin es selbst", antwortete Samuel.
„Kommt mit mir! Seid meine Gäste!
Ich lade euch ein.
Wir feiern heute ein Fest.
Morgen früh könnt ihr weiterziehen.

Und sorgt euch nicht um die Esel!
Sie sind längst gefunden."

Danach führte Samuel die beiden
in eine große Halle,
wo der Tisch festlich gedeckt war.
Samuel bot Saul
den Ehrenplatz neben sich an
und legte ihm das beste Stück Fleisch vor.
„Was hat dies zu bedeuten?",
fragte sich Saul verwundert.
„Warum ist Samuel so freundlich zu mir?
Warum ehrt er mich vor allen anderen?
Er kennt mich doch gar nicht."
Aber Gott hatte zu Samuel gesagt:
„Der ist es! Der soll König werden
über das Volk Israel."

Am nächsten Morgen stand Saul früh auf,
rief seinen Knecht und machte sich
mit ihm auf den Weg nach Hause.
Samuel begleitete ihn
bis vor das Stadttor.

Doch plötzlich blieb Samuel stehen.
„Schick deinen Knecht voraus!",
befahl er Saul.

„Du aber bleib hier und höre,
was Gott dir sagen lässt!"
Dann holte er einen kleinen Krug
unter seinem Mantel hervor,
goss Öl auf Sauls Haare
und sprach feierlich:
„Gott salbt dich zum König.
Du sollst König sein über Israel."

Saul wusste nicht,
wie ihm geschah.
Er lief über die Berge zurück,
jubelte und lobte Gott.
Und alle, die ihn sahen,
wunderten sich und fragten:
„Was ist nur in Saul gefahren?"
Aber Saul verriet niemand,
was geschehen war
und was Samuel zu ihm gesagt hatte.

*

Wenig später fielen Feinde
in das Land ein.
Als Saul davon hörte,
dachte er daran, dass Gott ihn

zum König gesalbt hatte.
Er schickte Boten ins Land
und ließ allen Israeliten sagen:
„Kommt alle und folgt mir!"
Da kamen sie von Norden und Süden,
von Osten und Westen,
und zogen mit Saul in den Krieg
und jagten die Feinde aus dem Land.

Nun war die Freude
bei allen Israeliten groß.
„Saul hat uns geholfen!",
riefen sie begeistert.
„Saul soll unser König sein!"
Und sie feierten ein großes Fest.
Sie jubelten ihrem König zu
und dankten Gott, der ihnen
diesen König geschenkt hatte.

\*

Aber später vergaß Saul
den Herrn, seinen Gott,
der ihn zum König gemacht hatte.
Er tat nur noch,
was ihm selber gefiel,
und fragte nicht mehr nach Gott.

Da kam Samuel zu Saul und sprach:
„Warum hast du Gott verlassen?
Nun wird Gott auch dich verlassen
und sich einen anderen König wählen,
einen König, der auf ihn hört."
Und Samuel ging weg von Saul.
Saul aber sah ihn nie mehr wieder.

1. Samuel 9–15

## 12. David

Damals lebte in Bethlehem
ein Mann namens Isai,
der hatte acht Söhne.
Der jüngste hieß David.

David hütete die Schafe seines Vaters.
Jeden Tag führte er sie auf die Weide,
sorgte für sie und bewachte sie.
Wenn sie Durst hatten,
führte er sie zum Brunnen.
Und wenn sich ein wildes Tier
auf die Schafe stürzte,
sprang er hinzu
und vertrieb es mit seinem Stab.

David war meist allein
bei seinen Schafen.
Oft nahm er seine Harfe
und spielte auf ihr.
Dazu sang er seine Lieder,
auch das Lied „vom guten Hirten":

*„Der Herr ist mein Hirte.*
*Mir wird nichts mangeln.*
*Er weidet mich auf einer grünen Aue*
*und führt mich zum frischen Wasser.*
*Er erquickt meine Seele.*
*Er führt mich auf rechter Straße*
*um seines Namens willen.*
*Und ob ich schon wanderte*
*im finsteren Tal,*
*fürchte ich kein Unglück,*
*denn du bist bei mir,*
*dein Stecken und Stab trösten mich."*

Eines Tages, als David
draußen auf der Weide war,
kam Samuel nach Bethlehem.
Sein Vater Isai sah ihn
schon von weitem kommen.
Er eilte ihm entgegen
und grüßte ihn freundlich:
„Welch seltener Besuch!
Bringst du uns gute Nachricht?"
Samuel nickte: „Ja!
Ruf schnell alle deine Söhne herbei!"

Isai sah Samuel erstaunt an.
Was hatte Samuel vor?

Warum wollte er seine Söhne sehen?
Isai wusste ja nicht,
dass Samuel von Gott geschickt war.

Gott hatte zu Samuel gesagt:
„Geh nach Bethlehem!
Denn aus Bethlehem
wird der König kommen,
den ich erwählt habe.
Ein Sohn Isais wird es sein."

Da rief Isai seine Söhne herbei,
einen nach dem anderen.
Zuerst rief er den Ältesten.
Er war groß und kräftig.

Als Samuel ihn sah, dachte er:
„Wahrhaftig, der ist es!
Der wird König werden."

Aber Gott sprach zu Samuel:
„Nein, der ist es nicht.
Ich habe ihn nicht erwählt.
Du siehst nur auf das Äußere.
Aber ich schaue ins Herz."

Da rief Isai den zweiten Sohn.
Aber Samuel schüttelte den Kopf.

Der war es auch nicht, den er suchte.
Gott hatte ihn nicht erwählt.

Da rief Isai den dritten Sohn.
Aber wieder schüttelte Samuel den Kopf.
Der war es auch nicht.
Gott hatte ihn nicht erwählt.

Da rief Isai alle anderen Söhne herbei.
Aber Samuel schüttelte den Kopf.
Er fragte Isai:
„Sind das wirklich alle Söhne?"
„Nein", sagte Isai.
„Es fehlt noch der jüngste.
Er ist draußen bei den Schafen."
„Dann holt ihn herbei!", bat Samuel.
„Ich muss ihn sehen."

Da holten sie David von der Weide
und brachten ihn zu Samuel.
Als aber Samuel David sah,
braun gebrannt und strahlend,
da wusste er auf einmal,
wen Gott meinte.
„Der ist es", sprach Gott.
„Den habe ich erwählt.
Auf, salbe ihn zum König!"

Da holte Samuel ein Horn
unter seinem Mantel hervor,
das mit Öl gefüllt war.
Er goss das Öl auf Davids Haare
und sagte feierlich: „David,
Gott salbt dich zum König.
Du sollst König werden
über das ganze Volk Israel."

David war sprachlos.
Er sollte König werden?
Es gab doch schon
einen König im Land!
Wenn Saul erfuhr,
was Samuel getan hatte,
wer weiß, was dann
mit David geschah…

1. Samuel 16, 1-13 (Psalm 23)

## 13. David und Goliat

Eines Tages brach ein Krieg
mit den Philistern aus.
Die Philister waren ein mächtiges Volk,
viel mächtiger als die Israeliten.
Sie hatten starke Soldaten
mit blitzenden Waffen
und rückten mit einem gewaltigen Heer
gegen die Israeliten vor.

Da sammelte Saul sofort
alle Israeliten um sich
und zog mit ihnen gegen die Philister.
In einem Tal trafen
beide Heere aufeinander.
Die Israeliten errichteten ihr Lager
auf der einen Seite des Tals.
Die Philister hatten ihr Lager
auf der anderen Seite.

Unter den Philistern aber
war ein Soldat, der hieß Goliat.
Er war so groß wie ein Baum
und so stark wie ein Löwe,
größer und stärker
als alle anderen Philister.
Er hatte einen Panzer aus schwerem Erz
und einen Helm aus blitzendem Kupfer.
An seiner Hüfte hing
ein riesiges, scharfes Schwert.
Und auf seiner Schulter
trug er einen Wurfspeer,
der war so lang wie ein Baum.

Jeden Tag stellte sich Goliat
vor das Lager der Philister
und rief zu den Israeliten hinüber:
„Wer von euch wagt es,
mit mir zu kämpfen?
Ha! Ihr Feiglinge!
Ihr wagt es ja nicht.
Ich bin viel stärker als ihr."
Dazu fluchte er laut
und lachte aus vollem Hals,
so dass es durch das Tal dröhnte.

Jeden Tag kam Goliat,
morgens und abends.
Und jeden Tag rief er dasselbe,
fluchte und höhnte.
Und jedesmal zitterten
die Israeliten vor Angst,
wenn sie ihn kommen sahen.
Keiner wagte, mit ihm zu kämpfen.
Nicht einmal Saul wagte es,
auch nicht Jonatan, sein tapferer Sohn.

So vergingen viele Tage.
Da kam eines Tages David zum Heerlager,
um nach seinen Brüdern zu schauen.
Als er bei dem Heer ankam,
stand gerade wieder Goliat
auf dem Hügel,
breitbeinig und riesig.
„Ihr Feiglinge!", schrie Goliat
zu den Israeliten herüber.
„Kommt doch und kämpft mit mir!
Warum traut ihr euch nicht?
Hilft euch euer Gott nicht mehr?"

Als David das hörte, wurde er zornig.
Wie? Goliat machte sich
über Gott lustig?
Gab es denn keinen,
der ihm widersprach?
Nein, alle zitterten vor ihm
und flohen, wenn sie ihn sahen.

„Und wenn ich mit ihm kämpfe?",
fragte David die anderen.
„Dann macht dich der König reich
und gibt dir seine Tochter zur Frau."
Doch Eliab, Davids ältester Bruder,
rief zornig: „Was fällt dir ein?
Warum bist du überhaupt hier?
Ich kenne dich gut.
Du machst dich nur wichtig."
Aber David gab nicht auf:
„Und wenn ich doch mit ihm kämpfe?"

Da führten sie David zu Saul.
Der saß in seinem Zelt
und ließ den Kopf hängen.
„Nur Mut!", rief David ihm zu.
„Ich will mit Goliat kämpfen."

Aber Saul sah David ungläubig an.
„Unmöglich!", rief er.
„Du bist viel zu jung.
Goliat ist ein starker Soldat.
Keiner kann so gut kämpfen wie er."
Doch David antwortete:
„Ich habe schon
mit Löwen und Bären gekämpft.
Ich habe keine Angst
vor diesem Philister.
Gott wird mir helfen."

„Dann geh!", sagte Saul.
„Gott helfe dir!"
Und er gab David seinen Panzer,
setzte ihm seinen Helm auf den Kopf
und reichte ihm sein Schwert.
Aber das Schwert war viel zu groß.
Und der Panzer war viel zu schwer.
David konnte darin nicht gehen.
Er zog den Panzer wieder aus,
setzte den Helm ab
und gab das Schwert zurück.

Dann nahm er seinen Hirtenstab
und seine Steinschleuder,

ging hinunter zum Bach,
suchte sich fünf glatte Steine
und steckte sie in seine Tasche.
So lief er Goliat entgegen.

Als aber Goliat ihn kommen sah,
lachte er laut, fluchte und rief:
„Was willst du hier, du Wicht?
Nicht einmal ein Schwert
hast du bei dir.
Nur einen Stock!
Willst du mich etwa
mit dem Stock jagen
wie einen Hund?
Komm nur her, Bürschchen!
Dir werde ich's zeigen!
Bei Gott, dich schlag ich tot!
Die wilden Tiere sollen dich fressen."

Goliat schrie furchtbar.
Alle zitterten, als sie ihn hörten.
Doch David blieb ruhig.
Er ging auf Goliat zu
und rief ihm entgegen:
„Du kommst zu mir
mit Schwert, Lanze und Speer.
Aber ich komme zu dir
im Namen des starken Gottes,
den du verhöhnt hast."

Blitzschnell holte er
einen Stein aus der Tasche,
legte ihn in seine Schleuder –
und schon sauste der Stein durch die Luft
und traf den Riesen an seiner Stirn.
Goliat schwankte, stürzte und schlug
mit dem Kopf auf die Erde.

Da lag er nun, der riesige Goliat,
und rührte sich nicht.
David aber lief schnell zu ihm hin,
packte sein großes Schwert
und hieb ihm den Kopf ab.

Als die Philister das sahen,
flohen sie alle, so schnell sie konnten.
Aber die Israeliten jagten ihnen nach
bis über die Grenze.

Da war der Jubel groß
bei allen Israeliten.
Fröhlich kehrten sie heim
und erzählten allen,
was Gott durch David getan hatte.

1. Samuel 17

# 14. David muss fliehen

David war plötzlich berühmt.
Im ganzen Land sprach man von ihm.
Die Leute auf der Straße
zeigten auf ihn und jubelten,
wenn sie ihn sahen.

Von nun an blieb David
bei König Saul.
Dort bekam er alles,
was sich ein Mensch wünschen kann.
Die Königstochter wurde seine Frau,
und Jonatan, der Sohn des Königs,
wurde sein bester Freund.
David durfte jeden Tag
mit dem König speisen.
Und Saul machte ihn
zu seinem General,
zum Herrn über alle Soldaten.

Eines Tages fielen die Philister
wieder ins Land ein.
Da zog ihnen David
mit seinen Soldaten entgegen
und vertrieb sie aus dem Land.

Als er heimkehrte,
liefen ihm die Frauen
mit Pauken entgegen.
Sie jubelten ihm zu,
tanzten und sangen:
„Saul hat tausend erschlagen.
Aber David hat zehntausend erschlagen."

Als König Saul das Lied hörte,
packte ihn der Neid.
„Was singen die Frauen da?",
rief er zornig.
„David hat zehntausend erschlagen,
ich aber nur tausend?
Ist David denn besser als ich?
Es sieht ja fast so aus,
als sei David König im Land."

Saul konnte das Lied
nicht mehr vergessen.
Bei Tag und bei Nacht
dachte er darüber nach.
Eines Morgens aber
wurde ihm alles klar.
Auf einmal wusste er,
wer der andere war,
von dem Samuel gesprochen hatte.
David war es!

„Wer weiß", dachte Saul erschrocken,
„vielleicht will das Volk
jetzt David zum König machen?
Aber ich werde ihnen zeigen,
wer König im Land ist."

Da bekam Saul einen Anfall.
Er schlug um sich, schrie und tobte,
so dass alle vor ihm zitterten.
Nur David blieb ruhig.
Er ging leise zum König hinein,
setzte sich in die Ecke,
sang ein Lied
und spielte dazu auf seiner Harfe.

Aber Saul sah David böse an.
„Warte nur!", dachte er grimmig.
„Dich mache ich fertig.
Ich spieße dich einfach an die Wand.
Dann bin ich dich los."
Und schon schleuderte er seinen Speer.
Doch David wich blitzschnell aus,
rannte aus dem Haus
und verbarg sich vor Saul.

Lange Zeit hielt sich David versteckt.
Nur Jonatan wusste,
wo er sich aufhielt.
Er suchte ihn heimlich auf
und warnte ihn:
„Mein Vater sucht dich überall.
Er ruht nicht eher, bis du tot bist.
Aber ich weiß,

37

Gott wird es nicht zulassen.
Er wird dich zum König machen.
Doch versprich mir,
dass wir immer Freunde bleiben."

David versprach es.
Dann fielen sich beide um den Hals,
weinten und nahmen traurig Abschied.
Jonatan kehrte zu Saul zurück.
David aber floh in die Berge.

1. Samuel 18–20

## 15. **David in der Höhle**

Es war ein heißer Tag.
David wanderte über die Berge.
Eine Schar Männer begleitete ihn.
Plötzlich schaute David auf.
Wen sah er dort kommen?
König Saul mit seinen Soldaten!

Schnell versteckte sich David
mit seinen Begleitern in einer Höhle.
Da saßen sie nun im Dunkeln
und sahen gespannt
auf den Weg hinaus.
Keiner rührte sich.
Keiner sagte ein Wort.

Plötzlich stand Saul
am Eingang der Höhle.
Er schaute hinein.
Den Männern stockte der Atem.
Ob Saul sie entdeckte?
Nein, er bemerkte sie nicht!
Er rief seinen Soldaten zu:
„Steht still!
Wir machen hier Pause."
Und er zog sich allein
in die Höhle zurück.

David und seine Männer
trauten ihren Augen nicht.
Saul war in ihrer Höhle!
Er ahnte ja nicht,
dass sie sich hier versteckt hielten!
„Auf, David!", flüsterten die Freunde.
„Jetzt ist Saul in deiner Hand.
Töte ihn auf der Stelle!
Jetzt oder nie!
Warum zögerst du noch?"

Da stand David auf.
Leise machte er sich an Saul heran,
packte sein Schwert —
und schlug zu.
Zitternd hielt er in seinen Händen
ein Stück von Sauls Mantel.
Sein Herz klopfte.
Ob Saul ihm vergeben würde,
was er getan hatte?
Leise schlich er sich wieder zurück.

Aber seine Freunde waren empört.
„David, was soll das?
Warum hast du Saul nicht getötet?
Traust du dich nicht?
Dann tun wir es für dich."
Doch David hielt sie zurück.
„Nein", flüsterte er,
„tut es nicht!
Dazu habt ihr kein Recht.
Ich warne euch.
Habt ihr vergessen,
dass Gott ihn zum König gemacht hat?"

Still warteten sie im Dunkeln,
bis Saul die Höhle wieder verließ,
um weiter nach David zu suchen.

Da wagte sich David endlich
aus der Höhle hervor.
„Mein König!",
rief er laut hinter Saul her.

38

„Warum jagst du mich
wie deinen schlimmsten Feind?
Sieh doch!
Ich war in derselben Höhle wie du.
Ich hätte dich töten können.
Aber ich habe dir nichts getan.
Nur dieses Mantelstück
habe ich abgeschnitten.
Glaub mir doch endlich:
Ich bin nicht dein Feind."

„David", rief Saul bewegt,
„du bist besser als ich.
Ich habe dir Unrecht getan."
Und er fügte leise hinzu:
„Ich weiß, du wirst einmal König.
Aber, bitte, versprich mir:
Wenn du dann König bist,
verschone meine Familie!"

Da versprach es ihm David.
Saul aber zog wieder heim
und nahm sich vor,
David nicht mehr zu verfolgen.

1. Samuel 24

# 16. David in der Wüste

Nicht lange danach
kamen Boten zu Saul,
die meldeten ihm:
„Wir haben David gesehen.
Er hat sich in der Wüste versteckt."
„Dann will ich ihn suchen
und fangen", rief Saul.
„Diesmal entkommt er mir nicht."

Saul sammelte in aller Eile
3000 Soldaten um sich
und zog mit ihnen in die Wüste,

um David zu suchen.
Den ganzen Tag marschierten
die Soldaten durch die Wüste,
bis es Abend wurde.
Aber David fanden sie nicht.
Da schlugen sie ihre Zelte auf,
legten sich nieder
und schliefen erschöpft ein.

Auch Saul schlief bald ein.
Er lag in seinem Königszelt.
Sein Speer steckte
neben ihm in der Erde.
Daneben stand ein Krug,
der mit Wasser gefüllt war.
Draußen vor dem Zelt
hielten Soldaten Wache.
Aber auch ihnen fielen
die Augen bald zu.

Plötzlich raschelte es.
Zwei Männer schlichen sich
an das Lager heran.
Sie schlüpften an der Wache vorbei
und drangen in Sauls Zelt ein.
David war es und sein Freund Abischai.
Niemand hatte bemerkt,
wie sie ins Lager gekommen waren.
Auch Saul hatte nichts bemerkt.
Er lag auf der Erde
und rührte sich nicht.

Abischai zeigte auf Saul.
„Soll ich ihn töten?", fragte er leise.
„Nein", flüsterte David.
„Was fällt dir ein?
Fass ihn nicht an!
Nur Gott darf das tun."
Dann nahm David den Speer
und den Wasserkrug an sich,
huschte aus dem Zelt
und machte sich mit Abischai
schnell wieder davon.

39

Als es Morgen wurde,
war David längst entkommen.
Er stand oben auf dem Berg
und rief laut zu den Zelten hinab:
„Hört, ihr Soldaten!
Ihr bewacht euren König schlecht.
Ich war heute Nacht bei ihm
und hätte ihn töten können.
Seht den Speer und den Krug!
Das ist der Beweis."

Da wachte auch Saul auf.
„David", rief er erschrocken,
„ist das deine Stimme?"
„Ja", antwortete David.
„Glaubst du jetzt endlich,
dass ich nicht dein Feind bin?"

Da schämte sich Saul und rief:
„Es tut mir Leid.
Ich habe dir Unrecht getan.
Komm her! Ich tu dir nichts an."

Aber David kam nicht.
Er wusste:
Saul würde wieder nicht halten,
was er versprochen hatte.

So gab er einem Soldaten
den Krug und den Speer.
Der brachte beides zu Saul zurück.

David aber floh
ins Land der Philister
und versteckte sich dort.
Er sah Saul nie mehr wieder.

1. Samuel 26

## 17. David wird König

Eines Tages brach wieder Krieg aus.
Die Philister zogen
mit ihrem ganzen Heer
gegen die Israeliten.

Da sammelte Saul alle seine Soldaten
und rückte gegen die Philister vor.
Sein Sohn Jonatan
zog mit ihm in den Kampf.
Doch David war nicht dabei.
Er hielt sich noch immer
bei den Philistern versteckt.

40

Dort wartete er bange
auf Nachricht.

Endlich, nach drei Tagen,
kam ein Bote zu David,
der rief: „Aus! Aus!
Der Krieg ist aus!
Die Philister haben gesiegt.
Die Israeliten sind alle geflohen.
Und Saul und Jonatan sind tot."

Da zerriss David sein Gewand,
weinte und klagte:

*„Ach, wie sind die Helden gefallen!*
*Es tut mir Leid um dich,*
*mein Bruder Jonatan.*
*Du warst mir sehr lieb."*

Danach kehrte David
ins Land Israel zurück
und wartete, bis er erfuhr,
was Gott mit ihm vorhatte.
Jahre vergingen.
Endlich, nach sieben Jahren,
kamen die Israeliten zu David
und baten ihn:
„Sei du jetzt unser König!"
„Ja", antwortete David.
„Ich will euer König sein."
Und er dachte daran,
was ihm der alte Samuel
vor vielen Jahren gesagt hatte:
„Du, David, sollst König sein
über das ganze Volk Israel."

\*

Nicht lange danach nahm David
die Stadt Jerusalem ein
und machte sie zur Königsstadt.
Dort ließ er sich einen prächtigen
Palast bauen und wohnte darin.

Doch David dachte bei sich:
Ich bin zwar König über das Land.
Aber Gott ist der wahre König,
dem ich dienen will.
Er soll in dieser Stadt wohnen.
Das sollen alle sehen.
Darum will ich die Bundeslade
nach Jerusalem holen.
In ihr sind die 10 Gebote verwahrt,
die Gott uns gegeben hat.
Dann werden alle erkennen:
Gott ist der wahre König und Herr,
der in dieser Stadt regiert.

Da rief David die Priester herbei
und machte sich mit ihnen auf den Weg,
um die Bundeslade zu holen.
Aber den Leuten in Jerusalem
ließ er sagen: „Macht euch bereit!
Bald kommt die Lade Gottes
in eure Stadt."

Da legten alle
ihre schönsten Festkleider an,
zogen hinaus vor die Stadt
und warteten gespannt,
was nun geschehen würde.

Plötzlich hörten sie fröhliche Musik.
Ein Festzug kam ihnen entgegen.
Priester in festlichen Kleidern
trugen die Bundeslade
auf ihren Schultern daher.
Andere Priester folgten ihnen
und bliesen dazu in ihre Posaunen.
David aber lief vor der Lade her,
hüpfte und tanzte wie ein Kind.
Er trug nur einen einfachen Rock,
wie ihn sonst Priester tragen.
So lief er und tanzte er
auf die Stadt zu.

Jubelnd folgten die anderen
und stimmten mit ihm das Lied an:

*„Machet die Tore weit
und die Türen in der Welt hoch,
dass der König der Ehre einziehe!"*

Da gingen die Tore weit auf
und die Priester zogen
mit der Lade in die Stadt ein.
Dort feierten sie miteinander
das Königsfest Gottes,
Alte und Junge, Große und Kleine.
An diesem Fest dankten sie Gott,
ihrem König und Herrn,
dass er nun bei ihnen wohnte.

Am Abend aber,
als David nach Hause kam,
rief ihm seine Frau Michal
spöttisch entgegen:
„Du bist mir ein feiner König!
Du hast dich heute
vor allen bloßgestellt und getanzt
wie das Volk auf der Straße."

Aber David antwortete ihr:
„Ich habe vor Freude getanzt,
weil nun Gott bei uns wohnt.
Vor ihm will ich gern
noch viel niedriger sein."

2. Samuel 1-6 (Psalm 24, 7)

## 18. David bekommt ein Versprechen

David saß in seinem Palast
und dachte nach.
Wie gut habe ich es doch,
sagte sich David.
Ich wohne in einem Palast
aus kostbarem Zedernholz.
Aber für Gott gibt es kein Haus
in dieser Stadt,
nur ein Zelt.
Das muss anders werden,
so wahr ich König bin.
Ich weiß, was ich tue:
Ich will Gott ein Haus bauen.

Da ging die Tür auf.
Natan, der Prophet Gottes,
kam zu Besuch.
„Willkommen!", rief David.
„Komm, setz dich zu mir!
Ich muss dir etwas Wichtiges sagen.
Sieh, ich wohne in diesem Palast.
Aber die Lade Gottes
steht noch immer in einem Zelt.
Darum will ich für Gott
ein Haus bauen.
Einen prächtigen Tempel
will ich ihm schenken."

„Nur zu", rief Natan erfreut,
„das wird Gott gefallen.
Tu, was du vorhast!
Gott ist mit dir."

Aber am nächsten Morgen
kam Natan noch einmal zu David
und sprach: „Hör zu, David!
In dieser Nacht hat Gott
zu mir gesprochen.
Gott lässt dir sagen:

‚Du sollst mir kein Haus bauen
und musst mir nichts schenken.
Denk doch daran:
Alles, was dir gehört,
habe ich dir geschenkt.
Aber ich verspreche dir
noch viel mehr:
Ich will dir ein Haus bauen,
ein Königshaus, das ewig besteht.
Ich will dir einen Sohn schenken,
der wird nach dir König sein.
Und der wird mir ein Haus bauen.
Ich will sein Vater sein
und er soll mein Sohn sein.
Ich will mit ihm sein
und mit allen Königen,
die nach ihm kommen,
bis einst der letzte König kommt,
der ewig König sein wird.'"

Da verneigte sich David vor Gott,
der ihm dieses große Versprechen
gegeben hatte, und sprach:

„Ach Herr, Herr!
Wer bin ich, dass du mich
bis hierher gebracht hast?
Doch nun hast du uns
noch viel Größeres versprochen.
Wie groß bist du, Herr!
So mache nun wahr,
was du versprochen hast,
und segne uns,
damit wir dir für immer gehören."

So betete David.
Und er dachte daran,
dass sein Sohn einmal
den Tempel bauen würde,
den Ort, an dem Gott
unter seinem Volk wohnen wollte.

Aber noch war der Tag fern,
an dem Gott seinen eigenen Sohn,
den wahren König und Retter,
den König über alle Könige,
zu seinem Volk senden würde.

2. Samuel 7

*In Jerusalem*

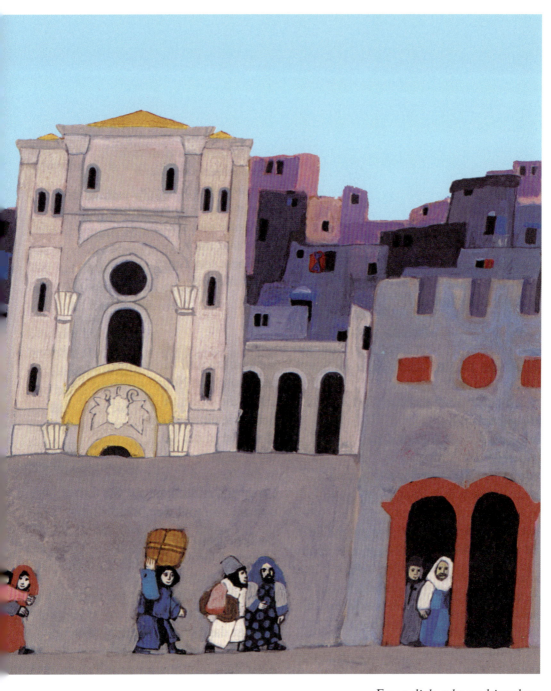

„Freue dich sehr und jauchze,
du Stadt Jerusalem!
Denn siehe, dein König kommt zu dir,
ein Gerechter und ein Helfer."

# Das Neue Testament

## Jesus, der Retter, ist da!

*Im Land Israel
war eine schlimme Zeit
angebrochen.
Fremde Soldaten, die Römer,
hielten das Land besetzt
und hatten Herodes
zum König gemacht.
Der regierte in Jerusalem
wie einst König David.
Aber Herodes war grausam
und quälte die Juden,
wo er nur konnte.
Alle Menschen im Land,
sogar seine Freunde
und seine Familie
fürchteten sich vor ihm.*

*Niemand durfte offen sagen,
was er wirklich dachte.
Doch heimlich
fragten sich viele:
Wann wird diese schlimme Zeit
einmal zu Ende gehen?
Wann werden wir
endlich wieder frei sein?
Wann wird der König kommen,
den Gott einst versprochen hat,
der Retter,
der uns den Frieden bringt?
Immer ungeduldiger
fragten sie so.
Und immer sehnlicher
warteten sie auf den Retter.*

## 19. Gute Nachricht für Zacharias

Nicht weit von Jerusalem
lebte ein Priester,
der hieß Zacharias.
Er und seine Frau Elisabeth
hatten Gott sehr lieb,
mehr als alles auf der Welt.
Aber die beiden hatten
einen geheimen Kummer:

Sie hatten kein Kind.
Schon viele Jahre lang
beteten sie zu Gott:
„Ach Herr,
schenke uns ein Kind!"
Aber das Kind kam nicht.
Zacharias und Elisabeth
wurden älter und älter.
Es schien,
als hätte Gott sie vergessen.

Eines Tages nahm Zacharias
Abschied von seiner Frau
und ging nach Jerusalem zum Tempel.
Dort wollte er Gott Opfer bringen,
wie es den Priestern befohlen war.
Schon von weitem sah er den Tempel
hoch oben auf dem Berg.
Sein Dach glänzte
golden in der Sonne.
Zacharias eilte den Berg hinauf,
schritt durch ein großes Tor
und kam in den Vorhof des Tempels.

Dort waren schon
viele Leute versammelt.
Sie warteten auf den Priester,
der im Tempel
das Rauchopfer darbringen sollte.
Nur einer von allen Priestern
durfte hineingehen.
An diesem Tag war
Zacharias an der Reihe.
Feierlich zog er
sein Priestergewand an,
schritt durch die Menge,
stieg die Stufen zum Tempel hinauf,
öffnete die Tür und trat ein.

Wie still und dunkel
war es dort innen!
Zacharias sah sich andächtig um.
Auf dem Altartisch
stand eine Schale aus Gold.
In ihr brannte das Opferfeuer.
Zacharias trat näher,
nahm ein paar Weihrauchkörner
und streute sie in das Feuer.
Rauch stieg auf
und Wohlgeruch erfüllte den Raum.
Zacharias betete leise.

Aber plötzlich zuckte er zusammen.
Ein Mann stand neben dem Altar.

Zacharias erschrak.
Er zitterte am ganzen Leib.
Aber der Mann sprach:
„Fürchte dich nicht, Zacharias!
Gott hat dein Gebet erhört.
Deine Frau Elisabeth
wird einen Sohn bekommen.
Den sollst du Johannes nennen.
Du wirst große Freude an ihm haben.
Aber nicht nur du.
Auch viele andere
werden sich an ihm freuen.
Denn er wird allen
die gute Nachricht bringen,
dass der Retter bald kommt."

Zacharias stand da
und konnte es nicht fassen.
„Aber wie kann das sein?",
stammelte er.
„Ich bin schon sehr alt.
Und meine Frau ist auch alt.
Wie kann ich erkennen,
dass es wahr ist, was du sagst?"

Da antwortete der andere:
„Ich bin Gabriel, ein Engel Gottes.
Gott hat mich zu dir geschickt.
Daran sollst du merken,
dass ich die Wahrheit sage:
Du wirst stumm sein
und nicht reden können,
bis alles geschieht,
was ich dir gesagt habe."

Draußen vor dem Tempel
wurden die Leute allmählich unruhig.
„Wo bleibt der Priester nur so lange?",
fragten sie ungeduldig.
„Wann kommt er endlich heraus
und spricht den Segen über uns aus?"

Da ging endlich die Tür auf.
Zacharias trat heraus.

49

Er hob seine Hände zum Segen,
öffnete seinen Mund
und wollte sprechen.
Aber er brachte nichts heraus,
kein einziges Wort.
Die Leute starrten ihn an.
„Wie seltsam!", flüsterten sie.
„Der Priester bewegt die Lippen.
Aber wir hören ihn nicht.
Vielleicht ist im Tempel
etwas mit ihm geschehen?"
Aber niemand ahnte,
was wirklich geschehen war.
Da winkte ihnen Zacharias,
dass sie heimgehen sollten.
Und nachdenklich ging
einer nach dem anderen nach Hause.

Auch Zacharias eilte nach Hause
zu Elisabeth, seiner Frau.
Sagen konnte er nichts.
Aber bald darauf geschah,
was der Engel gesagt hatte:
Elisabeth wurde schwanger.
„Gott sei Lob und Dank!",
rief Elisabeth voll Freude.
„Gott hat uns doch nicht vergessen."
Aber sie verriet niemandem,
was geschehen war.

Endlich kam der Tag,
an dem das Kind geboren wurde.
Ein Sohn war es,
wie der Engel gesagt hatte.
Nun war es kein Geheimnis mehr.
Im Nu sprach es sich
in der ganzen Gegend herum:
„Habt ihr schon gehört?
Zacharias und Elisabeth
haben einen Sohn!"
Da kamen sie
von allen Seiten herbei,
um das Kind zu begrüßen,

alle Nachbarn und Verwandten.
Und am achten Tag
feierten sie miteinander ein Fest.

„Wie soll denn das Kind heißen?",
fragten die Nachbarn.
„Sicher auch Zacharias
wie sein Vater?"
„Nein", antwortete Elisabeth,
„Johannes soll es heißen."
„Johannes?", wunderten sich alle.
„So heißt doch niemand
in eurer Familie.
Warum gerade Johannes?
Wir wollen den Vater fragen,
was er dazu meint."

Da gingen sie zu Zacharias
und fragten ihn:
„Wie soll das Kind heißen?"
Aber Zacharias konnte es
ihnen nicht sagen.
Er war immer noch stumm.
So nahm er eine kleine Tafel
und schrieb darauf:
„Er heißt Johannes."
Und als er noch schrieb,
da geschah es:
Auf einmal konnte er
wieder sprechen.
„Ja", rief er fröhlich,
„Johannes soll er heißen!"
Das heißt: „Gott ist gnädig."

Und voll Freude stimmte er
ein Loblied an:

> *„Gelobt sei der Herr,*
> *der Gott Israels,*
> *denn er hat sein Volk*
> *besucht und erlöst!*
> *Und du, Kind,*
> *wirst vor dem Retter hergehen.*
> *Du wirst ihm den Weg bereiten."*

Da staunten alle, die es hörten,
und sagten zueinander:
„Das ist bestimmt
ein besonderes Kind.
Wer weiß, was Gott
mit ihm vorhat?"
Und überall, wohin sie kamen,
erzählten sie die Geschichte
von Zacharias und Elisabeth
und ihrem Sohn Johannes.

Lukas 1, 5–25 und 57–80


## 20. Gute Nachricht für Maria

Zu dieser Zeit lebte
in der kleinen Stadt Nazareth
eine junge Frau mit Namen Maria.
Sie war verlobt
mit einem Mann namens Josef,
der stammte aus der Familie Davids.
Aber Josef war kein König
und war auch nicht berühmt wie David.
Er war nur ein einfacher Zimmermann.

Doch eines Tages
geschah etwas Unglaubliches:
Maria war allein zu Hause.
Da hörte sie plötzlich eine Stimme:
„Sei gegrüßt, Maria,
du Gesegnete!
Der Herr ist mit dir!"

Erschrocken sah Maria auf.
Ein Engel war bei ihr,
der blickte sie freundlich an.
Maria war ganz verwirrt.
Was soll das bedeuten?,
dachte sie bei sich.
Ich soll gesegnet sein?

Aber der Engel sprach:
„Fürchte dich nicht, Maria!
Denn Gott hat dich gesegnet.
Du wirst einen Sohn bekommen,
den sollst du Jesus nennen.
Der wird ein König sein,
ein König wie David.
Aber sein Königreich
wird niemals aufhören,
sondern ewig bestehen."

Maria konnte es nicht fassen.
Sie sollte ein Kind bekommen,
ein Kind,
das einmal König würde,
der Retter,
auf den alle warteten?
Maria fragte:
„Wie soll das zugehen?
Ich lebe doch
mit keinem Mann zusammen.
Wer soll denn
der Vater dieses Kindes sein?"

Da sprach der Engel:
„Gottes Geist
wird über dich kommen.
Darum wird dein Sohn
auch ‚Gottes Sohn' heißen.
Denn bei Gott ist nichts unmöglich."

Als Maria das hörte,
verneigte sie sich und sprach:
„Ich bin bereit.
Es soll geschehen,
wie du gesagt hast."

Da ging der Engel wieder von ihr.
Maria aber lobte Gott
und sang ihm dieses Lied:

> *„Meine Seele erhebt den Herrn,*
> *und mein Geist freut sich*
> *über Gott, meinen Retter.*
> *Denn er hat Großes an mir getan.*
> *Er stößt die Mächtigen vom Thron*
> *und erhebt die Niedrigen.*
> *Er denkt an sein Versprechen*
> *und hilft seinem Volk auf."*

Lukas 1, 26–56

## 21. Jesus wird geboren

Endlich war es soweit:
Der Retter kam in die Welt!

Zu jener Zeit aber
war Kaiser Augustus
der mächtigste Herrscher der Welt.
Er regierte in Rom
über ein riesiges Reich.
Und alle Welt musste tun,
was der Kaiser befahl.

Eines Tages schickte Augustus
Boten in alle Länder und Städte,
und er ließ überall ausrufen:
„So befiehlt Kaiser Augustus:
Alle Menschen in meinem Reich
sollen gezählt werden.
Darum macht euch auf!
Zieht in eure Heimat,
in die Stadt eurer Vorfahren,
und lasst euch dort zählen
und eure Namen in Listen eintragen!"

Da machten sich alle auf den Weg
und zogen in ihre Heimat,
wie der Kaiser befohlen hatte.
Auch Josef machte sich
von Nazareth auf
und zog nach Bethlehem
in die Stadt seiner Vorfahren,
aus der auch König David stammte.
Maria, seine Verlobte,
begleitete ihn.
Sie war schwanger
und erwartete das Kind,
wie der Engel gesagt hatte.

Als die beiden
nach Bethlehem kamen,

war die Stadt überfüllt.
Wo sollten sie nun unterkommen?
Maria spürte:
Bald würde ihr Kind
zur Welt kommen,
vielleicht schon in dieser Nacht.
Gab es denn für dieses Kind
keinen Raum in der Stadt?

Sie fragten und suchten
nach einer Herberge.

Aber am Ende fanden sie
nur einen Stall.
Stroh bedeckte den Boden.
Und eine Futterkrippe
stand in der Ecke.

Und da geschah es:
Mitten in der Nacht
wurde das Kind geboren,
von dem der Engel geredet hatte.
Maria wickelte es in Windeln

und legte es in die Krippe.
Es war ein hilfloses Kind
wie jedes andere.
Und doch war es
ein besonderes Kind:
das Kind, das der Welt
den Frieden Gottes bringen sollte.

Noch war es ein Geheimnis.
Niemand in Bethlehem ahnte,
was in dieser Nacht geschehen war.
Aber bald sollten es alle erfahren:
Jesus, der Retter der Welt,
war geboren.

Lukas 2, 1–7

## 22. Ehre sei Gott!

Es war Nacht.
Draußen vor der Stadt
wachten Hirten bei ihren Schafen.
Ganz dunkel war es um sie her.
Aber plötzlich schreckten sie auf.
Was war das?
Mitten in der Nacht
wurde es hell, taghell.
Ein Licht leuchtete auf,
noch heller als die Sonne.
Und in dem Licht erschien
ein Engel vor ihnen.

Die Hirten wussten nicht,
wie ihnen geschah.
Sie waren geblendet von dem Licht
und zitterten vor Angst.
Aber der Engel sprach zu ihnen:

*„Fürchtet euch nicht!*
*Siehe, ich verkündige euch*

*große Freude,*
*die allen zuteil werden soll.*
*Denn euch ist heute*
*der Retter geboren:*
*Christus, der Herr,*
*in der Stadt Davids.*
*Und das ist das Zeichen,*
*an dem ihr den Retter erkennt:*
*Ihr werdet ein Kind finden,*
*in Windeln gewickelt*
*und in einer Krippe liegen.“*

Als der Engel noch sprach,
sahen die Hirten plötzlich
noch viel, viel mehr Engel,
die sangen und jubelten:

*„Ehre sei Gott in der Höhe*
*und Friede auf Erden*
*bei den Menschen*
*seines Wohlgefallens.“*

Die Hirten standen da
und lauschten,
bis der Gesang verklungen war.
Dann wurde es wieder still
und dunkel um sie her.
Doch die Hirten riefen:
„Habt ihr gehört,
was der Engel gesagt hat?
Der Retter ist da!
In Bethlehem ist er geboren,
in dieser Nacht!
Auf, wir wollen gehen und sehen,
was dort geschehen ist.“

Da ließen sie ihre Schafe zurück
und eilten nach Bethlehem
und fanden das Kind
mit Maria und Josef.
Es lag in der Krippe
und war in Windeln gewickelt,
wie der Engel gesagt hatte.

Da erzählten die Hirten,
was sie gesehen hatten
und was ihnen der Engel
von diesem Kind gesagt hatte.
Maria hörte ihnen zu,
staunte und schwieg.
Und sie dachte im Stillen daran,
was ihr der Engel gesagt hatte.

Die Hirten aber liefen hinaus
auf die Straßen der Stadt,
sangen und jubelten:
„Gelobt sei Gott!
Der Retter ist da!
Hier in Bethlehem
ist er geboren.
Wir haben ihn
mit eigenen Augen gesehen."

Jubelnd kehrten sie
zu ihren Schafen zurück.
Und als ihre Lieder
längst verklungen waren,
klang das Lied der Engel
immer noch weiter in ihren Ohren:

*„Ehre sei Gott in der Höhe*
*und Friede auf Erden!"*

Lukas 2, 8-20


# 23. Endlich ist er da!

Einige Wochen waren
seit jener Nacht vergangen.
Aber in Jerusalem
wusste noch niemand,
was in Bethlehem geschehen war.
Die Leute lebten dort,
als sei nichts geschehen.
Immer noch herrschte

König Herodes in seinem Palast.
Und immer noch seufzten alle:
„Wann kommt endlich der Retter,
der uns befreit?"

Zu jener Zeit lebte in Jerusalem
Simeon, ein hoch betagter Mann.
Der wartete seit Jahren
auf den Retter Israels.
Jeden Tag betete er: „Herr,
lass mich den Retter sehen,
ehe ich sterbe!"
Und er glaubte fest,
Gott werde ihm seine Bitte erfüllen.
Oft ging er zum Tempel
und hielt dort nach dem Retter Ausschau.
Aber vergeblich.
Der Retter kam nicht.

Eines Tages trieb es
Simeon wieder zum Tempel.
Es war ihm, als hätte er
Gottes Stimme gehört:
„Heute wirst du den Retter sehen."
Gespannt sah sich Simeon
im Vorhof des Tempels um.
Da entdeckte er
unter all den Menschen
Maria und Josef mit ihrem Kind.
Sie waren gekommen,
um Gott ein Dankopfer zu bringen.

Als Simeon das Kind sah,
da wusste er plötzlich:
Dies war der Retter,
den Gott seinem Volk schickte!
Voller Freude eilte er
auf das Kind zu,
nahm es auf seine Arme,
dankte Gott und rief:

*„Herr, nun kann ich*
*in Frieden sterben.*
*Denn wie du gesagt hast,*

*so ist es geschehen:*
*Meine Augen haben*
*deinen Retter gesehen.*
*Der wird Licht und Hoffnung*
*in unsere Welt bringen."*

Und als er noch sprach,
kam eine alte Frau hinzu,
Hanna, eine Prophetin.
Sie war schon 84 Jahre alt
und seit vielen Jahren Witwe.
Als sie das Kind sah,
rief sie glücklich:
„Da ist ja der Retter!
Endlich ist er gekommen.
Gott sei Lob und Dank!"
Und sie erzählte es allen,
die mit ihr auf den Retter hofften.

Lukas 2, 22–38

## 24. Der neue König

Weit im Osten,
wo die Sonne aufgeht,
lebten damals Sterndeuter,
kluge Gelehrte.
Sie kannten jedes Sternbild
und jeden Stern am Himmel.
Sie wussten, wann er aufging
und wann er unterging
und was sein Lauf bedeutete.

Eines Nachts, als sie wieder
zum Himmel aufschauten,
entdeckten sie einen neuen Stern.
Der strahlte heller
als alle anderen Sterne.
„Was für ein Stern!", riefen sie.
„Das muss ein Königsstern sein.
Sicher ist irgendwo

ein neuer König geboren.
Aber wo? In welchem Land?"
Sie forschten in ihren Schriften
und überlegten lange.
Da sagte einer:
„Vielleicht im Land der Juden?"
„Ja", fielen die anderen ein,
„im Land der Juden muss es sein.
Auf, worauf warten wir noch?
Wir wollen das Kind suchen,
vor ihm niederknien
und ihm unsere Geschenke bringen."

Da sattelten sie ihre Kamele,
luden kostbare Geschenke auf
und machten sich auf den Weg,
das Kind zu suchen.

Sie zogen durch weite Wüsten
und fremde Länder,
über hohe Berge
und durch tiefe Täler.
Wochenlang reisten sie,
bis sie endlich
ins Land der Juden kamen.
Aber wo sollten sie hier
das Königskind suchen?
„Sicher lebt es im Königspalast",
sagten sie sich
und zogen nach Jerusalem,
wo König Herodes wohnte.

Als sie dort ankamen,
fragten sie die Leute
auf der Straße:
„Sagt uns! Wo ist
der neugeborene König der Juden?
Wir haben seinen Stern gesehen
und sind hergekommen,
um ihn anzubeten."
Aber die Leute
sahen sie verlegen an.
Ein neugeborener König?

Sie kannten keinen neuen König.
Nur einen alten König
kannten sie: Herodes.
Und vor dem zitterten alle.

Bald darauf erfuhr König Herodes,
wer in die Stadt gekommen war.
„Wen suchen die Fremden?",
rief er erschrocken.
„Einen neuen König?
Ich bin doch
der einzige König im Land!"
Aber wenn es stimmte,
was die Fremden sagten?
Wenn es wirklich
noch einen anderen König gab?
Wenn gar der Retter geboren war,
auf den das Volk hoffte?
Ich muss es wissen,
dachte er finster,
so wahr ich König bin in diesem Land.

Sogleich ließ Herodes
alle Priester und Gelehrten rufen
und befahl ihnen:
„Sagt mir die Wahrheit!
Was steht in eurer Heiligen Schrift?
Wo wird der Retter geboren?"
„In Bethlehem", erwiderten sie
und zeigten auf ihre Schriftrollen.
„So steht es in der Heiligen Schrift.
So hat der Prophet Micha
vor langer Zeit vorausgesagt:
‚Aus Bethlehem
wird der Retter kommen.'"

Da lud der König heimlich
die Sterndeuter in seinen Palast
und fragte sie aus.
„Sagt mir doch bitte:
Wann habt ihr den Stern entdeckt?
Sagt, wann?
Ich muss es genau wissen."

„Das ist schon länger her",
antworteten die Sterndeuter.
„Damals waren wir noch
zu Hause in unserem Land.
Aber seitdem suchen wir
den neugeborenen König."

„Ich will euch helfen",
bot Herodes an.
„Ich weiß, wo er ist:
in der Stadt Bethlehem,
nicht weit von hier.
Dort werdet ihr ihn finden."
Und listig fügte er hinzu:
„Aber kommt danach wieder zurück
und sagt mir,
wo ihr ihn gefunden habt!
Dann will auch ich hingehen
und ihn anbeten."
Da dankten die Sterndeuter,
verneigten sich
und zogen nach Bethlehem,
wie der König gesagt hatte.

Als sie dort ankamen,
war es schon dunkel.
Am Himmel leuchteten die Sterne.
Und sieh da! Auf einmal stand
der Stern wieder am Himmel,
derselbe Stern,
den sie zu Hause gesehen hatten.
Voller Freude ritten sie
dem Stern entgegen,
bis sie vor ein Haus kamen.
Es schien, als bliebe der Stern
über diesem Haus stehen.

Sie hielten an,
stiegen von ihren Kamelen,
eilten hinein und – sahen das Kind:
Jesus, Marias Sohn.
Es lag im Arm seiner Mutter
und sah aus

wie ein gewöhnliches Kind.
Und doch war es der König,
den sie suchten:
der König, den einmal
alle Könige anbeten sollten!

Da fielen sie auf die Knie,
beteten das Kind an
und breiteten ihre Geschenke aus,
ein Kästchen mit Gold,
eine Schale mit Weihrauch
und einen Krug mit Myrrhe.

Aber in derselben Nacht
sprach Gott im Traum
zu den Sterndeutern:
„Geht nicht zurück
zu König Herodes!
Glaubt ihm nicht!
Er will dem Kind nur schaden."
Da hörten sie auf Gott
und zogen auf einem anderen Weg
zurück in ihr Land.

Matthäus 2, 1-12

## 25. Am Jordan

Viele Jahre waren vergangen,
seitdem der Engel
Zacharias erschienen war.
Nun war sein Sohn
Johannes erwachsen.
Sein Vater hatte ihm alles erzählt,
was der Engel damals
zu ihm gesagt hatte:
„Der Retter
wird bald zu uns kommen,
der König,
den Gott uns versprochen hat.
Und du, Johannes,
sollst sein Bote sein."

Aber wie sollte das geschehen?
Johannes wusste es nicht.
Er wartete, bis Gott es ihm zeigte.
So zog er sich in die Wüste zurück
und lebte in einer einsamen Höhle.
Er aß nur Heuschrecken
und Honig von wilden Bienen.

Und er trug einen einfachen Umhang
aus Kamelhaaren.
Mehr brauchte er nicht.

Dort in der Wüste
sprach Gott zu Johannes:
„Jetzt ist es Zeit.
Geh zu den Menschen
und sag ihnen,
dass der König bald kommt,
der Richter und Retter der Menschen."

Da verließ Johannes die Wüste
und ging zum Jordantal hinab.
Dort stellte er sich an die Straße,
die nach Jerusalem führte.
Viele Menschen zogen
auf der Straße vorüber.
Johannes rief ihnen zu:
„Macht euch bereit!
Der König ist nah."

Da blieben die Leute stehen
und hörten Johannes zu.
Von allen Seiten kamen sie an.
„Macht euch bereit!",
rief Johannes erneut.
„Der König ist nah,
der Richter und Retter der Menschen.
Macht ihm den Weg frei!"

Als die Menschen das hörten,
bekamen sie Angst.
Sie dachten an alles,
was sie getan
und was sie versäumt hatten.
Und sie fragten erschrocken:
„Was sollen wir denn tun?"

„Kehrt um!", rief Johannes.
„Ändert euer Leben
und lasst euch taufen!

Gott will euch die Sünde vergeben."
Und den Reichen rief er zu:
„Teilt eure Kleider
und euer Essen mit den Armen!"
Den Männern vom Zoll befahl er:
„Nehmt den Leuten
nicht zu viel Geld ab!"
Und den Soldaten:
„Tut niemand Gewalt an!"

Danach taufte er sie.
Er ging mit ihnen zum Jordan hinab,
stieg in das Wasser
und tauchte sie unter.
Wie das Wasser
ihren Körper reinwusch,
so sollten sie rein werden
von ihrer Sünde.

Da dachten einige:
Wer weiß, vielleicht ist Johannes
selbst der König und Retter?
Aber Johannes merkte,
was sie über ihn dachten.
„Nein", rief er,
„ich bin nicht der König.
Ich bin nur sein Bote.
Der König ist viel größer als ich."

Bald darauf kam Jesus zum Jordan.
Da erkannte Johannes:
Das war der König!
Der Retter stand vor ihm!
„Taufe auch mich!", bat Jesus.
Doch Johannes wehrte ab.
„Ich soll dich taufen?", rief er.
„Nein, taufe du lieber mich!"
Aber Jesus erwiderte:
„Tu, was ich sage!
Gott will es."

Da hörte Johannes auf ihn
und taufte Jesus im Jordan.

Und Jesus ließ alles an sich geschehen.
Und sieh!
Der Himmel öffnete sich.
Eine Taube kam auf Jesus herab:
Gottes Geist erfüllte ihn.
Und eine Stimme
rief vom Himmel herab:
„Du bist mein Sohn.
Dich habe ich lieb."

Da erkannte Johannes:
Jesus war nicht nur der König,
der Richter und Retter
der Menschen.
Er war Gottes Sohn!

Lukas 3, 1-22 (Matthäus 3, 14)

# Jesus hilft

*Nachdem Jesus getauft war,*
*kam er zum See Genezareth.*
*Dort sah er Fischer am Ufer.*
*„Kommt", rief Jesus, „folgt mir!"*
*Da ließen die Männer*
*alles liegen und stehen*
*und folgten Jesus*
*und wurden seine Jünger.*
*Mit ihnen zog Jesus*
*durch das Land Galiläa.*
*Und überall, wohin Jesus kam,*
*warteten Menschen auf ihn*
*und baten ihn um Hilfe.*

*Viele von ihnen waren in großer Not,*
*einsame, kranke, bekümmerte Menschen.*
*Aber Jesus sah ihre Not.*
*Er tröstete sie und rief ihnen zu:*
*„Kommt her zu mir,*
*ihr müden, belasteten Menschen!*
*Ich will euch erquicken*
*und will euch Ruhe geben."*

*Andere hatten seit Jahren*
*ein schweres Leiden.*

*Sie konnten nicht sehen*
*oder nicht hören*
*oder waren gelähmt.*
*Aber Jesus sah ihr Leid.*
*Ihr Schmerz tat ihm weh.*
*Er legte seine Hand auf sie*
*und heilte ihr Leiden.*

*Einige von ihnen*
*hatten alle Hoffnung verloren.*
*Sie sagten sich:*
*„Uns kann keiner mehr helfen.*
*Gott hat uns vergessen.*
*Wir haben ihn betrübt.*
*Er liebt uns nicht mehr."*

*Aber Jesus sah,*
*wie sie sich quälten.*
*Er sprach zu ihnen:*
*„Freut euch!*
*Gott ist euch nah.*
*Er vergibt euch die Sünde."*

*Da wurden sie frei und spürten,*
*wie die Lasten von ihnen fielen.*
*Und viele von ihnen glaubten an Jesus.*

## 26. Am See

Es war früh am Morgen.
Am See Genezareth saßen
ein paar Fischer am Ufer
und wuschen ihre Netze.
Einer von ihnen war Petrus.
Er hatte die ganze Nacht gefischt.
Aber kein einziger Fisch
war ins Netz gegangen.
Mit leerem Boot

war er zurückgekehrt.
Petrus ließ den Kopf hängen.
Doch plötzlich blickte er auf.
In der Ferne sah er Jesus kommen.
Eine große Menge folgte ihm.
Was sucht Jesus hier
so früh am Morgen,
fragte sich Petrus.
Jesus aber ging auf ihn zu,
stieg in sein Boot und bat ihn:
„Fahr mich aufs Wasser!

*Jesus hilft*

*Wohin Jesus kam,
warteten Menschen auf ihn
und baten ihn um Hilfe.*

Von dort aus will ich
zu den Menschen sprechen."

Da stieß Petrus das Boot
ein wenig vom Ufer ab.
Und Jesus sprach
zu den Menschen,
die sich am Ufer drängten.
Atemlos hörten die Leute,
was er ihnen erzählte.
Petrus aber saß im Boot
und lauschte gespannt.
Noch nie hatte er
so gewaltige Worte gehört.

Darüber wurde es Mittag.
Die Sonne brannte heiß
vom Himmel herab.
Da schickte Jesus
die Leute nach Hause.
Nur Petrus und die anderen Fischer
blieben am Ufer zurück.

Plötzlich wandte sich Jesus
zu Petrus und sprach:
„Nun fahr hinaus auf den See
und wirf dein Netz aus!
Dann wirst du
einen großen Fang tun."

Petrus sah Jesus groß an.
„Unmöglich!", wollte er rufen.
„Niemand fängt Fische
am helllichten Tag."
Doch er sagte nur:
„Meister, wir haben
die ganze Nacht gefischt
und nichts gefangen.
Aber wenn du es sagst,
dann will ich das Netz
noch einmal auswerfen."
Und Petrus fuhr hinaus
und warf das Netz aus,
wie Jesus befohlen hatte.

Da – plötzlich ein Ruck!
Im Netz wimmelte es
auf einmal von Fischen.
Petrus zog und zerrte.
Aber umsonst.
Das Netz war zu schwer.
Schon begann es zu reißen.
„So kommt doch und helft!",
rief Petrus den anderen zu.

Da ruderten sie schnell herbei
und füllten die Boote mit Fischen,
bis sie fast sanken.
„So viele Fische!", staunten alle.
So viele hatten sie noch nie
in ihrem Leben gefangen.

Petrus aber war sprachlos.
Er starrte auf Jesus.
Auf einmal ahnte er,
wer vor ihm stand.
Voll Ehrfurcht fiel er
vor Jesus nieder.
Und erschrocken stammelte er:
„Herr, geh von mir!
Ich kann vor dir nicht bestehen."

Doch Jesus sprach zu ihm:
„Fürchte dich nicht!
Ich habe noch viel mehr
mit dir vor.
Zum Menschenfischer
will ich dich machen."

Da ließ Petrus alles zurück
und zog mit Jesus
und wurde sein Jünger.
Und mit eigenen Augen
sah er die Wunder,
die Jesus an Menschen tat.

Lukas 5, 1–11

## 27. Auf der Hochzeit

Nicht weit vom See Genezareth
liegt das kleine Dorf Kana.
Dort wurde eines Tages
Hochzeit gefeiert.
Viele Verwandte und Freunde
waren zur Hochzeit geladen.
Auch Jesus kam
mit seinen Jüngern zum Fest.
Und auch Maria, seine Mutter,
war auch unter den Gästen.

Tagelang wurde gefeiert.
Diener trugen köstliche Speisen auf
und gossen Wein in die Becher.
Und der Speisemeister sorgte dafür,
dass den Gästen nichts fehlte.
Alle durften essen und trinken,
soviel sie wollten.
Dazu gab es Musik
und fröhliche Lieder.

Aber da geschah etwas,
was allen fast die Freude
verdorben hätte:
Der Wein ging zu Ende.

Es war kein Tropfen mehr
in den Krügen.
Die Diener merkten es zuerst.
Sie sahen sich ratlos an.
Was sollten sie tun?
Was sollten sie nun
den Gästen anbieten?

Auch Maria hatte bemerkt,
was geschehen war.
Sie flüsterte Jesus zu: „Sieh doch!
Sie haben keinen Wein mehr."
Aber Jesus wies sie zurück:
„Was willst du von mir?
Meine Zeit ist noch nicht gekommen."
Maria wollte es nicht glauben.
Konnte Jesus wirklich nicht helfen?
Sie ging zu den Dienern und sagte:
„Tut alles, was euch Jesus befiehlt!"

Kaum hatte sie das gesagt,
da kam auch schon Jesus
zu den Dienern heraus.
Er zeigte auf die Wasserkrüge,
die an der Tür standen,
sechs große Steinkrüge.

65

„Füllt die Krüge mit Wasser!",
befahl er den Dienern.

Da füllten sie die Krüge
mit Wasser bis an den Rand.
„Nun schöpft daraus", sagte Jesus,
„und bringt es dem Speisemeister!
Er soll davon kosten."

Da füllten sie einen Becher
und brachten ihn dem Speisemeister.
Der nahm den Becher und trank.
„Ah", rief er erstaunt,
„was für ein köstlicher Wein!
Wo habt ihr ihn her?"

Schnell holte er den Bräutigam,
hielt ihm den Becher hin
und rief aufgeregt:
„Sieh, dieser Wein ist ja viel besser
als der vorige Wein!
Warum hast du diesen Wein
bis zuletzt aufgespart?
Jeder gibt zuerst den guten Wein aus,
danach den schlechteren.
Du aber hast es umgekehrt gemacht."

Doch der Bräutigam wusste nicht,
woher der gute Wein kam.
Nur die Diener wussten,
woher der Wein kam.
Wasser hatten sie
in die Krüge geschüttet.
Und Wein hatten sie herausgeschöpft.
Jesus hatte ein Wunder getan.

Da wurde das Fest
noch viel fröhlicher als zuvor.
Alle tranken von dem köstlichen Wein
und wunderten sich,
woher er wohl kam.

Die Jünger aber sahen auf Jesus
und dachten bei sich:
Nun glauben wir,

dass Jesus der Retter ist.
Wir haben mit eigenen Augen gesehen,
was Jesus getan hat.

Johannes 2, 1–11

## 28. Ausgestoßen

In jener Gegend
lebte ein kranker Mann,
der wohnte draußen vor der Stadt
in einer einsamen Hütte.
Sein Gesicht, seine Hände und Füße
waren schrecklich entstellt.
Wenn die Leute ihn von fern sahen,
riefen sie erschrocken:
„Passt auf! Der ist aussätzig.
Geht ihm aus dem Weg!
Sonst steckt er uns an."
Und sie machten alle
einen großen Bogen um seine Hütte.
Niemand wollte ihn besuchen,
nicht einmal seine Freunde.
Wenn sie ihm das Essen brachten,
stellten sie es nur
vor seiner Hütte ab.
Dann rannten sie gleich wieder weg.

Aber eines Tages kam Jesus
ganz nah an der Hütte vorbei.
Als der Aussätzige ihn sah,
durchfuhr es ihn: Wie?
Jesus machte keinen Bogen
um seine Hütte?
Hatte Jesus denn keine Angst
vor seiner Krankheit?
„Wer weiß", sagte er sich,
„vielleicht kann Jesus mir helfen?"

Der Kranke überlegte nicht lange.
Schnell lief er Jesus entgegen,
fiel vor ihm nieder

66

und streckte seine kranken Hände
nach ihm aus.
„Ach Herr!", rief er.
„Ich weiß, du kannst mich heilen,
wenn du es willst."

Da blieb Jesus stehen.
Voller Mitleid sah er auf den Mann,
der vor ihm kniete.
Er beugte sich zu ihm herab,
fasste seine Hände
und sagte freundlich zu ihm:
„Ich will es tun. Sei rein!"

Da spürte der Kranke auf einmal:
Er war geheilt!
Er spürte es an seinen Händen
und an seinen Füßen.
Er spürte es sogar im Gesicht.
„Ich bin gesund", rief er.
„Ich darf wieder nach Hause!"

„Ja", sagte Jesus zu ihm,
„geh nach Hause!
Aber sag keinem,
wer dich geheilt hat!
Es bleibt unser Geheimnis."

Aber der Mann hörte
schon gar nicht mehr zu.
Voll Freude rief er
zurück in die Stadt
zu seinen Freunden
und zu allen Verwandten.
„Seht mich an!", rief er fröhlich.
„Ich bin wieder gesund.
Ich kann wieder unter euch leben."

Die anderen aber
starrten ihn fassungslos an.
„Wie?", fragten sie erstaunt.
„Du bist wirklich gesund?
Verrate uns doch:
Wer hat dir geholfen?"

Da konnte der Mann sein Geheimnis
nicht länger bei sich behalten.
„Jesus!", rief er.
„Jesus hat mir geholfen.
Er hat mich berührt.
Da war ich geheilt."

Markus 1, 40-45 / Lukas 5, 12-15

## 29. Gelähmt

Am See Genezareth
liegt die Stadt Kapernaum.
Dort lebte ein Mann,
der war seit vielen Jahren gelähmt.
Er konnte nicht gehen
und auch nicht stehen.
Er konnte nicht einmal
seine Hände und Füße bewegen.
So musste er immer
auf einer Matte liegen.
Und wenn er Hunger hatte,
fütterten ihn seine Freunde
wie ein kleines Kind.

Eines Tages aber
kamen seine Freunde
und riefen aufgeregt:
„Hast du schon gehört?
Jesus ist in der Stadt.
Er kann dir gewiss helfen."
Und bevor der Kranke
noch antworten konnte,
packten sie seine Matte
und schleppten ihn aus dem Haus.
Sie trugen ihn
durch viele Straßen und Gassen,
bis sie zu dem Haus kamen,
in dem Jesus war.

Aber wie sollten sie
zu Jesus hineinkommen?
Das Haus war überfüllt.
Sogar draußen standen noch Leute
und drängten hinein.
„Macht Platz!", riefen die Freunde.
„Wir wollen zu Jesus."
Aber niemand hörte auf sie.

Da schauten sich die Freunde um
und entdeckten eine Treppe
außen am Haus.

Sie führte auf das flache Dach.
Dorthin trugen sie
ihren gelähmten Freund.
Sie deckten das Dach ab,
machten ein Loch
und schauten von oben ins Haus.
Da sahen sie Jesus.
Er stand genau unter ihnen
und sprach zu den Leuten,
die sich um ihn drängten.
Vorsichtig machten die Freunde
das Loch größer,
knüpften die Matte an Seile
und ließen sie langsam
mit dem Gelähmten hinab,
bis er vor Jesus lag.

Da schaute Jesus auf.
Als er die Freunde sah,
die voller Erwartung auf ihn blickten,
wandte er sich zu dem Kranken
und sprach: „Mein Sohn!
Deine Sünden sind dir vergeben."

Da wurde es auf einmal
ganz still in dem Haus.
Alle starrten auf Jesus.
Was hatte Jesus gesagt?
‚Deine Sünden sind dir vergeben'?
Was sollte das heißen?
Einige Gelehrte waren dabei,
die murmelten empört:
„Unerhört!
Was erlaubt sich dieser Jesus?
Nur Gott kann Sünden vergeben.
Bildet sich Jesus etwa ein,
er sei Gott?"

Jesus aber wusste,
was die Gelehrten dachten.
„Was meint ihr?", fragte er sie.
„Was ist leichter:
die Sünden vergeben

oder die Krankheit heilen?
Aber ihr sollt wissen,
dass Gott mir die Macht gab,
beides zu tun."

Danach wandte er sich
zu dem Kranken und sprach:
„Steh auf!
Nimm deine Matte und geh!"

Da konnte der Mann
auf einmal wieder seine Beine
und seine Hände bewegen.
Sogleich stand er auf,
nahm seine Matte,
bahnte sich einen Weg
durch die Menschen
und ging fröhlich nach Hause.

Die Leute aber sahen fassungslos zu,
wie er davonging.
„Noch nie haben wir
so etwas gesehen",
riefen alle voll Staunen.
Und einer nach dem anderen
fing an, Gott laut zu loben,
bis das ganze Haus
von ihren Lobliedern erfüllt war.

Markus 2, 1–12 / Lukas 5, 17–26

# 30. Zu spät?

Damals lebte in Kapernaum
ein Mann, der hieß Jairus.
Er war Vorsteher der Gemeinde
und in der ganzen Stadt
ein geachteter Mann.
Er hatte ein großes Haus
mit vielen Knechten und Mägden.
Dort wohnte er mit seiner Frau
und seiner kleinen Tochter,
die war zwölf Jahre alt.

Doch eines Tages wurde
seine Tochter schwer krank.
Von Tag zu Tag wurde sie schwächer.
Jairus war ratlos.
Was sollte er tun?
Wenn keine Hilfe kam,
musste sein Kind sterben.

Da hörte Jairus von anderen:
„Jesus ist wieder in der Stadt."
„Ja", sagte er sich,
„Jesus muss kommen,
bevor es zu spät ist!"
Schnell machte er sich auf,
um Jesus zu suchen.
Er lief durch die ganze Stadt
und suchte Jesus
auf allen Plätzen und Straßen.
Endlich fand er ihn draußen am See.

Aber viele Menschen umringten Jesus.
Sie versperrten Jairus den Weg.
Da drängte sich Jairus
durch die Menge hindurch,
fiel vor Jesus nieder
und bat ihn:
„Herr, bitte, komm schnell!
Meine Tochter ist todkrank.
Leg deine Hände auf sie!
Dann wird sie wieder gesund."

Da ließ Jesus die Leute stehen
und ging mit Jairus.
Aber er kam nur langsam voran.
Immer wieder hielt ihn jemand auf
und bat ihn um Hilfe.
Wenn wir nur nicht zu spät kommen!,
dachte Jairus.
Aber da kamen ihm
schon seine Knechte entgegen,
die riefen ihm zu:
„Zu spät! Zu spät!
Jesus braucht nicht mehr zu kommen.
Deine Tochter ist tot."

Wie erschrak Jairus,
als er das hörte!
Verzweifelt sah er auf Jesus.
Aber Jesus sprach zu ihm:
„Fürchte dich nicht!
Vertraue mir nur!"
Dann ging er mit Jairus
zu seinem Haus.
Dort waren schon
viele Menschen versammelt,
die heulten und klagten
und jammerten laut.
Das ganze Haus war erfüllt
von ihrem Klagegeschrei.

Als aber Jesus sah,
wie sie lärmten und klagten,
fuhr er sie an:
„Was macht ihr für ein Geschrei?
Das Kind ist nicht tot.
Es schläft nur."
Aber die Leute riefen:
„Was sagt der?
Das Kind schläft?
Was für ein Unsinn!
Es ist tot.
Es wacht nie mehr auf."
Und sie lachten ihn aus.
Aber Jesus jagte sie alle hinaus.

Nun war es auf einmal ganz still.
Nur die Eltern und drei Jünger
waren mit Jesus im Haus.
Da ging Jesus mit ihnen
in den Raum, wo das Kind lag.
Ruhig lag es auf seinem Bett.
Es rührte sich nicht.
Aber Jesus ging zu dem Kind hin,
fasste seine Hand und rief laut:
„Mädchen, ich sage dir:
Steh auf!"

Und sieh da!
Auf einmal rührte sich das Kind.
Die Augen öffneten sich.
Die Lippen bewegten sich.
Das Mädchen stand auf
und lief seinen Eltern entgegen.

Die Eltern aber waren wie erstarrt.
Sie wussten nicht, wie ihnen geschah.
„Euer Kind hat Hunger",
sagte Jesus zu ihnen.
„Gebt ihm zu essen!"

Da kam auf einmal wieder
Leben in die Eltern.
Schnell holten sie etwas zu essen
und sahen voll Freude,
wie es ihrem Kind schmeckte.
Am liebsten hätten sie laut
auf die Straße hinausgerufen:
„Seht, was Jesus getan hat!
Er hat unserem Kind
das Leben geschenkt."
Aber Jesus hielt sie zurück.
„Sagt es nicht weiter!", befahl er.
„Es soll unser Geheimnis bleiben."

Markus 5, 21-43

## 31. Im Sturm

Es war Abend.
Jesus saß mit seinen Jüngern
am See Genezareth.
Er war sehr müde.
Viele Menschen waren
an diesem Tag zu ihm gekommen.
Auch jetzt noch
ließen sie ihm keine Ruhe.

Da sagte Jesus zu seinen Jüngern:
„Kommt, wir wollen
ans andere Ufer fahren!"
Sie stiegen ins Boot
und fuhren hinaus auf den See.
Jesus aber nahm ein Kissen,
legte sich hinten ins Boot
und schlief ein.

Es war ein ruhiger Abend.
Die Sterne leuchteten klar.
Die Wellen plätscherten leise.
Und der Wind blies sanft
in die Segel.

Aber plötzlich zog ein Sturm auf.
Der Himmel wurde ganz schwarz.

Es stürmte und brauste.
Das Segel zerriss.
Die Wellen tobten
und schlugen ins Boot.

Da überfiel die Jünger
furchtbare Angst.
Sie klammerten sich ans Boot.
Sie schrien um Hilfe.
Konnte denn Jesus nicht helfen?
Aber Jesus lag hinten im Boot.
Er schlief immer noch tief,
mitten im Sturm.
„Herr, hilf uns!",
schrien die Jünger.
„Siehst du denn nicht?
Wir gehen unter."

Da öffnete Jesus die Augen.
Er sah auf den Sturm,
der um sie tobte.
Und er sah die Angst
in den Augen der Jünger.
Er stand auf,
erhob seine Hand drohend
gegen den Sturm
und rief laut über die Wellen:
„Schweig und sei still!"

Auf einmal wurde es ganz still.
Der Wind legte sich.
Die Wellen wichen zurück.
Das Schiff glitt ruhig
durch das Wasser.

„Warum hattet ihr solche Angst?",
fragte Jesus die Jünger.
„Ich bin doch bei euch!
Habt ihr denn kein Vertrauen zu mir?"

Die Jünger aber waren sprachlos.
Sie sahen einander an
und flüsterten erschrocken:
„Wer ist nur dieser Jesus?
Sogar der Wind und die Wellen
gehorchen ihm."

Markus 4, 35–41 / Lukas 8, 22–25

## 32. Alle werden satt

Einmal wollte Jesus wieder
mit seinen Jüngern allein sein.
Er stieg in ein Boot
und fuhr mit ihnen über den See
zu einer verlassenen Gegend,
wo es keine Häuser
und keine Menschen gab,
nur einsame Berge.

Aber die Leute hatten gesehen,
wohin Jesus fuhr.
Sie wanderten um den See herum.
Und als Jesus ans andere Ufer kam,
standen sie schon da und warteten
auf ihn, Hunderte, sogar Tausende.
Und immer mehr kamen hinzu.

Als Jesus die Menschen sah,
Frauen und Männer,

Alte und Junge,
Gesunde und Kranke,
hatte er großes Mitleid mit ihnen.
Er spürte: Sie brauchten ihn alle.
Sie waren wie Schafe,
die keinen Hirten haben.
Da ging er zu ihnen hin,
heilte die Kranken,
tröstete die Traurigen
und erzählte ihnen von Gott.

Darüber wurde es Abend.
Die Sonne ging schon bald unter.
Aber immer noch standen
die Menschen bei Jesus
und hörten ihm zu.

Da kamen die Jünger
zu Jesus und sagten:
„Die Leute haben Hunger.
Es ist schon spät.
Bald wird es Nacht.
Und hier ist es einsam.
Schick sie endlich nach Hause!
Dann können sie unterwegs
noch etwas Brot kaufen."

Aber Jesus erwiderte:
„Gebt ihr ihnen zu essen!"
„Wie?", fragten die Jünger verwundert.
„Sollen wir denn weggehen
und Brot kaufen
für so viele Menschen?
Mindestens 200 Silberstücke
müssten wir dafür bezahlen.
Und es würde trotzdem
noch lange nicht reichen."

„Wie viele Brote habt ihr?",
fragte Jesus die Jünger.
„Seht nach und sagt mir Bescheid!"

Da machten sich die Jünger
auf die Suche nach Brot.
Bald darauf kamen sie zurück
und meldeten Jesus:
„Wir haben einen Jungen gefunden,
der hat fünf Brote und zwei Fische.
Aber was sind fünf Brote und
zwei Fische für so viele Menschen?"

„Bringt mir das Brot und die Fische!",
befahl Jesus den Jüngern.
„Und sagt allen,
sie sollen sich setzen!"

Da setzten sich alle
in Gruppen ins Gras,
immer fünfzig
oder hundert zusammen.
Fast sah es so aus,
als ob sie sich
um einen gedeckten Tisch setzten.
Jesus aber nahm das Brot,
schaute auf zum Himmel,
dankte Gott,
brach es
und gab es den Jüngern.
Die teilten das Brot aus
und auch die Fische.
Immer mehr Brot
und immer mehr Fisch
teilten sie aus an alle,
Männer, Frauen und Kinder.
Alle aßen und wurden satt,
ja, mehr als satt.

Danach sammelten die Jünger auf,
was übrig geblieben war,
zwölf Körbe voll!
Nur fünf Brote und zwei Fische
waren es gewesen.
Aber Jesus hatte mehr als
5000 Menschen satt gemacht.

Als die Leute das sahen,
riefen sie begeistert:
„Jesus ist wirklich der Retter,
auf den wir warten.
Auf, wir wollen ihn
zu unserem König machen!
Dann wird er uns immer Brot geben,
so viel wir brauchen."
Und sie umringten Jesus
und wollten ihn festhalten.

Aber Jesus ließ es nicht zu.
Er ließ die Leute stehen
und stieg allein
auf einen einsamen Berg.
Dort kniete er nieder und sprach
mit seinem Vater im Himmel,
er ganz allein.

Markus 6, 32-44 / Johannes 6, 1-15

# Jesus erzählt

*Immer wieder kamen Menschen*
*zu Jesus und baten ihn:*
*„Erzähl uns von Gott!*
*Wir möchten wissen,*
*was Gott von uns will."*

*Da erzählte ihnen Jesus*
*von seinem Vater im Himmel,*
*der seine Menschen unendlich liebt.*
*Und er zeigte ihnen,*
*dass sie Gott*
*über alles lieben sollten.*

*Aber viele verstanden nicht,*
*was Jesus ihnen erzählte.*

*Sie wunderten sich und sagten:*
*„Was für Geschichten!*
*Was will uns Jesus damit sagen?"*

*Andere ärgerten sich über ihn*
*und schimpften:*
*„Dieser Jesus!*
*Er spielt sich auf,*
*als ob er selbst Gott sei.*
*Wir wollen nicht auf ihn hören."*

*Aber einige waren darunter,*
*die horchten auf.*
*Sie hörten die gute Nachricht*
*von Gott, der sie liebt,*
*und änderten ihr Leben.*

## 33. Vom Sämann

Einmal war Jesus am See.
Da strömten die Menschen
aus allen Städten
und Dörfern zusammen.
Sie umringten Jesus und baten ihn:
„Erzähl uns eine Geschichte von Gott!"

Da stieg Jesus in ein Boot
und sprach zu den Menschen,
die sich am Ufer drängten.
Seine Stimme schallte über das Wasser,
sodass alle ihn hörten.

Und Jesus fing an zu erzählen:

„Es war ein Sämann,
der ging auf sein Feld
und streute Samen aufs Land.

Aber einige Körner
fielen auf den Weg.
Da kamen Vögel und pickten sie auf.
Die Körner konnten nicht keimen.

Einige Körner fielen auf steiniges Land.
Sie gingen auf, keimten
und sprossen aus der Erde hervor.
Aber die Sonne dörrte das Land aus.
Da wurden die Halme welk
und trockneten aus.
Sie konnten nicht wachsen.

Einige Körner
fielen unter dornige Sträucher.
Sie gingen auf,
keimten und sprossen
und trieben Halme hervor.
Die wuchsen und wurden
größer und größer.

Aber die dornigen Sträucher
wuchsen und wucherten
noch viel mehr.
Sie nahmen den Halmen
die Luft und das Licht weg.
Da konnten die Körner nicht reifen.

Die anderen Körner aber
fielen auf fruchtbares Land.
Sie gingen auf,
keimten und sprossen
und trieben Halme und Ähren hervor.
Und als die Erntezeit kam,
standen sie da,
aufrecht und groß,
mit gelben Ähren
und reifer Frucht in ihren Ähren.

Da kam der Sämann wieder aufs Feld
und zählte voll Freude die Früchte.
Dreißig –
nein, sechzig –
nein, mehr noch:
hundert Körner
zählte er in den Ähren."

Hier endete Jesus.
Und er rief laut über das Wasser:
„Wer von euch Ohren hat zum Hören,
der höre auf mich!"

Da spürten die Menschen am Ufer:
Das waren nicht nur Geschichten,
die Jesus von Gott erzählte.
In seinen Worten
kam Gott selbst ihnen ganz nah.
Und vielen, die Jesus hörten,
ging das Herz auf, wie Samen aufgeht
auf fruchtbarem Land.

Lukas 8, 4–8 / Matthäus 13, 1–9

# 34. **Vom barmherzigen Samariter**

Einmal kam ein Gelehrter zu Jesus,
der kannte sich gut aus
in der Heiligen Schrift.
Er wollte Jesus prüfen.
„Was muss ich tun", fragte er,
„damit ich zu Gott komme?"
Jesus antwortete:
„Du kennst doch die Gebote.
Wie heißt es dort?"

Da antwortete der Gelehrte:
„Es heißt in den Geboten:
,Du sollst den Herrn, deinen Gott,
von ganzem Herzen lieben
und deinen Nächsten wie dich selbst.'
Aber wer ist denn mein Nächster?"

Da erzählte ihm Jesus diese
Geschichte:

„Einmal ging ein Mann
von Jerusalem nach Jericho hinab.
Er wanderte an steilen Bergen
und tiefen Schluchten vorbei.
Plötzlich kamen Räuber
aus ihrem Versteck hervor.
Sie stürzten sich auf den Mann,
schlugen auf ihn ein,
plünderten ihn aus
und machten sich eilig davon.

Da lag nun der Mann
verlassen am Wegrand, halbtot.
Doch plötzlich hörte er Schritte.
Ein Priester kam den Weg herab.
Er kam vom Tempel,
wo er gebetet hatte.
Der Priester wird gewiss helfen,
hoffte der verwundete Mann.
Aber der Priester
rührte ihn nicht an.
Er ging schnell weiter
und ließ ihn im Dreck liegen.

Stunden vergingen.
Da hörte er wieder Schritte.
Ein Levit ging vorüber.
Auch er kam vom Tempel,
wo er Gott gedient hatte.
Der Levit wird gewiss helfen,
hoffte der Mann.
Aber der Levit blieb
nicht einmal stehen.
Er ging einfach vorbei.

Viele Stunden vergingen.
Der Mann hatte schon
alle Hoffnung verloren.
Da – plötzlich horchte er auf.
Jemand ritt auf einem Esel
das Tal herauf.
Ein Fremder war es,
ein Samariter.
Der wird mir nicht helfen,
dachte der Mann am Wegrand.
Der gehört ja gar nicht
zu unserem Volk!

Aber nein!
Der Mann traute seinen Augen nicht:
Der Esel blieb stehen.

Der Samariter stieg ab.
Er kam auf ihn zu.

‚Du Armer!',
rief der Samariter voll Mitleid.
‚Was haben sie mit dir gemacht?'
Und er beugte sich über ihn,
wusch das Blut mit Öl und Wein ab
und verband seine Wunden.
Dann hob er ihn vorsichtig hoch
und setzte ihn auf den Esel.
Behutsam führte er ihn
den steilen Weg hinauf
und brachte ihn
zur nächsten Herberge.
Dort hielt er an.
Er trug den Verletzten ins Haus
und pflegte ihn.

Am nächsten Morgen rief er den Wirt,
gab ihm zwei Silbermünzen
und bat ihn:
‚Sorge gut für den Mann!
Und pflege ihn, bis er gesund ist!
Und wenn du
noch mehr Geld brauchst,
will ich's dir bezahlen,
wenn ich zurückkomme.'"

Hier endete Jesus.
Und er wandte sich
an den Gelehrten und fragte:

„Nun sag selbst!
Wer von den dreien
war dem Verletzten am nächsten:
der Priester, der Levit
oder der Samariter?"

Das war keine schwere Frage.
„Natürlich der Samariter",
antwortete der Gelehrte.
„Gut", sagte Jesus,
„dann mach es wie er!"

Lukas 10, 25–37

## 35. Vom verlorenen Sohn

Immer wieder wurde Jesus
von seinen Gegnern gefragt:
„Warum gibst du dich mit Leuten ab,
die Gottes Gebote nicht achten?
Warum gehst du in ihre Häuser
und feierst mit ihnen?
Glaubst du etwa,
Gott habe Gefallen daran?"

Da erzählte ihnen Jesus
diese Geschichte:

„Es war ein Mann,
der hatte zwei Söhne.
Eines Tages kam der jüngere Sohn
zu seinem Vater und sagte:
‚Gib mir das Erbteil, das mir zusteht!
Ich will nicht mehr bei dir bleiben.
Ich gehe weg von hier.'

Da gab ihm der Vater sein Erbteil.
Der Sohn aber packte alles zusammen,
machte sich auf
und zog in ein fernes Land.

Dort lebte er in Saus und Braus
und feierte mit seinen Freunden
ein Fest nach dem anderen.
Alle aßen und tranken sich voll.
Der Sohn zahlte alles.
Er hatte ja genug Geld.

Eines Tages aber,
als er wieder zahlen wollte,
war sein Beutel leer.
Er konnte nichts mehr kaufen
und keine Feste mehr feiern.
Da wollten auch seine Freunde
nichts mehr von ihm wissen.
Alle liefen weg
und ließen ihn allein.

Was sollte er nun tun?
Er hatte großen Hunger.
Aber er hatte ja kein Geld
und konnte kein Brot kaufen.
So ging er von Tür zu Tür
und bettelte um Brot.
Doch niemand gab ihm etwas.
Die Leute hatten selbst
nichts zu essen,
weil Hungersnot im Lande herrschte.

Da ging der Sohn
zu einem Bauern und bat ihn:
‚Kann ich dein Knecht sein?'
‚Du kannst die Schweine hüten',
sagte der Bauer und schickte ihn
hinaus aufs Feld zu den Schweinen.

Da saß nun der Sohn
draußen vor der Stadt
bei den Schweinen.
Seine Kleider waren zerrissen
und er litt furchtbaren Hunger.
Er hätte sogar
das Schweinefutter gegessen,
so groß war sein Hunger.
Aber der Bauer ließ es nicht zu.

Da ging der Sohn in sich.
Auf einmal dachte er
wieder an seinen Vater.
Und er sagte sich:
Wie viele Knechte hat mein Vater!
Sie haben alle genug zu essen.
Aber ich sterbe vor Hunger.
Doch ich weiß, was ich mache:
Ich gehe zu meinem Vater zurück.
Ich will ihm sagen:
,Vater, ich weiß:
Ich bin schuldig geworden
vor Gott und vor dir.
Ich kann nicht mehr
dein Sohn sein.
Das bin ich nicht wert.
Aber lass mich wenigstens
dein Knecht sein!'
Und sogleich machte sich
der Sohn auf den Weg,
so wie er war, barfuß
und in zerlumpten Kleidern.

Endlich sah er in der Ferne
das Haus seines Vaters.
Aber er traute seinen Augen nicht:
Dort vor dem Haus
stand – sein Vater!
Er hatte ihn nicht vergessen!
Er hatte schon auf ihn gewartet!
Nun lief er ihm sogar entgegen,
fiel ihm um den Hals
und küsste ihn!

,Vater', stammelte der Sohn,
,ich bin schuldig geworden
vor Gott und vor dir.
Ich bin nicht mehr wert,
dass ich dein Sohn heiße.'

Aber der Vater fiel ihm ins Wort.
,Ihr Knechte', rief er,
,holt schnell
das schönste Kleid hervor

und legt es meinem Sohn an!
Gebt ihm auch Schuhe!
Und steckt einen goldenen Ring
an seine Hand!
Dann schlachtet das Kalb,
das wir gemästet haben!
Macht ein Festessen
und freut euch mit mir,
dass mein Sohn lebt!
Ich hatte ihn verloren.
Doch nun hat er heimgefunden.'

Da feierten sie miteinander
ein fröhliches Fest.
Sie aßen und tranken,
sangen Lieder und tanzten.
Und alle freuten sich
mit dem Vater,
dass der verlorene Sohn
endlich daheim war.

Nur einer fehlte beim Fest:
der ältere Bruder.
Als dieser am Abend
von der Feldarbeit kam,
hörte er schon von weitem
das fröhliche Lachen im Haus
und die festliche Musik.
Er fragte einen Knecht:
,Was geht hier vor?
Was ist das für ein Lärm?'
,Das weißt du nicht?',
wunderte sich der Knecht.
,Dein Bruder ist heimgekehrt.
Und dein Vater hat
ein Festmahl für ihn gemacht.
So sehr freut er sich,
dass dein Bruder lebt.'

,Was?', rief der ältere Sohn wütend.
,Was fällt meinem Vater ein?
Wie kann er so etwas machen?
Ich feiere jedenfalls nicht mit!'

Da kam sein Vater heraus.
‚Mein Sohn', bat er,
‚komm doch herein!
Feiere mit uns
Und freu dich mit uns!'

‚Was? Ich soll mich freuen?',
schrie der ältere Sohn zornig.
‚Hast du vergessen,
wie ich all die Jahre
für dich geschuftet habe?
Ich habe immer getan,
was du von mir verlangt hast.
Aber für mich hast du nie
ein gemästetes Kalb geschlachtet.
Aber nun kommt dieser Kerl da,
dein feiner Sohn,
der all dein Geld verjubelt hat,
und du machst ein Festmahl für ihn.'

‚Mein Sohn', sagte der Vater,
‚warum bist du so grimmig?
Du bist doch immer bei mir.
Und alles, was mir gehört,
gehört auch dir.
Komm, freu dich mit uns!

Wir dachten, dein Bruder sei tot.
Doch nun lebt er!
Wir dachten, er sei verloren.
Doch nun ist er gefunden!'"

Diese Geschichte erzählte Jesus
den Menschen, die zu ihm kamen.
Und alle, die zuhörten, ahnten,
dass er von seinem Vater
im Himmel sprach,
der auch der Vater
aller Verlorenen war.

Lukas 15, 11–32

# Jesus muss sterben

*Das Passafest stand vor der Tür.*
*Viele Menschen waren*
*unterwegs nach Jerusalem.*
*„Ob Jesus auch*
*auf dem Fest sein wird?",*
*fragten sie sich.*
*Wenn er wirklich der Retter war,*
*den sie erwarteten,*
*dann musste er*

*nach Jerusalem kommen*
*und sich dort als König zeigen.*

*So dachten viele voller Erwartung.*
*Aber bald sollten sie erfahren,*
*wer Jesus in Wahrheit war:*
*Er litt und starb.*
*Er gab sein Leben hin*
*für die Menschen.*

## 36. Hosianna!

Das Passafest war gekommen.
Von allen Seiten strömten
die Menschen nach Jerusalem.
Und jeden Tag kamen
noch weitere hinzu,
Hunderte, Tausende
und noch viel mehr.

Da machte sich auch Jesus
mit seinen Jüngern auf den Weg
und zog nach Jerusalem.

Als sie schon in der Ferne
die Stadt sahen,
blieb Jesus plötzlich stehen.
Er rief zwei Jünger zu sich
und befahl ihnen:
„Geht in das Dorf,
das vor uns liegt!
Dort werdet ihr
gleich am ersten Haus
einen jungen Esel finden,
der angebunden ist.

Bindet ihn los
und führt ihn zu mir!
Und wenn euch jemand fragt:
‚Warum macht ihr das?',
dann antwortet ihm:
‚Der Herr braucht ihn.'
Dann wird er euch
den Esel geben."

Die Jünger sahen Jesus
verwundert an.
Was hatte er vor?
Wozu brauchte er den Esel?
Aber plötzlich fiel ihnen ein,
was in den Büchern
der Propheten
über den Retter stand:

*„Freue dich sehr und jauchze,*
*du Stadt Jerusalem!*
*Denn siehe,*
*dein König kommt zu dir,*
*ein Gerechter und ein Helfer,*
*arm und reitet*
*auf einem Esel."*

Da verstanden die Jünger,
was Jesus vorhatte.
Auf einem Esel wollte er
in Jerusalem einziehen.
Als König und Retter
wollte er kommen.

Da gingen die Jünger zu dem Dorf
und fanden alles so,
wie Jesus gesagt hatte.
Sie banden den Esel los,
führten ihn zu Jesus
und legten ihre Mäntel darauf.
Der setzte sich auf den Esel
und ritt los.

Als aber die anderen Leute sahen,
wie Jesus nach Jerusalem ritt,
eilten sie herbei,
jubelten und sangen:

*„Hosianna!
Gelobt sei,
der da kommt
im Namen des Herrn."*

Von allen Seiten kamen sie an.
Sie liefen Jesus voraus,
zogen ihre Mäntel aus
und breiteten sie
wie einen Königsteppich
auf dem Weg aus.
Einige kletterten sogar
auf die Bäume,
rissen Zweige ab
und streuten sie auf den Weg.

Und immer mehr Menschen
eilten herbei.
Sogar von Jerusalem
zogen sie Jesus entgegen.
„Hosianna!", jubelten alle.
„Hosianna! Hosianna!",
erklang es von überallher.
So hieß das Lied,
das sie ihrem König sangen.
Alle stimmten es an,
Alte und Junge,
Männer und Frauen
und viele, viele Kinder.

81

Singend zogen sie mit Jesus
in die Stadt ein.
Singend folgten sie ihm
bis in den Vorhof des Tempels.
Und als der Gesang
endlich verstummt war,
schrien die Kinder
immer noch fröhlich weiter:
„Hosianna! Hosianna!"

Markus 11, 1–11 (Matthäus 21, 15)


## 37. Jesus räumt auf

Im Tempel von Jerusalem
ging es hoch her.
Viele Festgäste drängten sich
im Vorhof des Tempels.
Dort hatten Händler
Tische aufgestellt.
Sie verkauften Opfertiere:
Tauben und Schafe
und sogar große Ochsen.

Es war ein Lärm
wie auf einem Jahrmarkt.
Die Tauben gurrten.
Die Schafe blökten.
Die Händler lärmten
und feilschten.
Die Käufer klimperten
mit dem Geld.
Und immer mehr Menschen
strömten durch das Tor
in den Vorhof.
Sie kauften und verkauften
und tauschten Neuigkeiten aus:
„Habt ihr schon gehört?",
riefen sie einander zu.
„Jesus ist in der Stadt!

Ob er auch
in den Tempel kommt?
Ob er uns endlich zeigt,
was er kann und wer er ist?"

Da kam Jesus durch das Tor.
Als er die lärmenden Händler sah,
lief er auf sie zu
und rief voll Zorn:
„Was fällt euch ein?
Dies ist das Gotteshaus.
Ein Bethaus soll es sein.
Aber ihr?
Was habt ihr daraus gemacht?
Eine Räuberhöhle!"
Und er warf ihre Tische um,
so dass das Geld
auf den Boden rollte
und die Tauben
ängstlich hochflatterten.
Da ergriffen die Händler
eilig die Flucht.

Auf einmal war es ganz still.
Die Leute sahen auf Jesus
und wussten nicht,
was sie sagen sollten,
so erschrocken waren sie.

Die Priester aber waren empört.
„Unerhört!", murmelten sie.
„Wie sich Jesus aufführt!
Als ob er der Herr im Tempel sei!
Wer hat ihm das erlaubt?
Aber wir werden ihm zeigen,
wer hier Herr im Haus ist!"

Und der Hohepriester
bestellte alle Priester und Ratsleute
in seinen Palast
und beriet sich heimlich mit ihnen.
Bis tief in die Nacht saßen sie
hinter verschlossenen Türen.

Niemand sollte hören,
was sie planten.

„So kann es mit Jesus
nicht weitergehen!",
rief der Hohepriester.
„Er bringt uns
das ganze Volk durcheinander."

„Wir müssen ihn töten",
schlug einer vor.
„Aber denkt an die Leute!",
mahnte ein anderer.
„Die Leute haben Jesus gern.
Sie dürfen nicht merken,
was wir vorhaben."
„Ja", riefen sie alle.
„Wir müssen ihn
heimlich festnehmen.
Noch vor dem Passafest
muss es geschehen.
Aber wie?"

Da klopfte es an der Tür.
Judas stand draußen.
Judas, der Jünger Jesu!
Was suchte der hier?
„Soll ich euch helfen?",
fragte Judas leise.
„Soll ich euch verraten,
wo ihr Jesus verhaften könnt?"
Die Priester nickten.
„Was gebt ihr mir dafür?"
„Dreißig Silberstücke",
schlugen sie vor.
„Gut", sagte Judas,
„ich komme wieder.
Dann verrate ich euch,
wo ihr Jesus findet."
Und weg war er.

Matthäus 21, 12 und 26, 3 ff., 14 ff.

## 38. Jesus wäscht den Jüngern die Füße

Der Tag war gekommen,
an dem in den Häusern
das Passafest gefeiert wurde.
In allen Familien wurde das Mahl
für den Abend zubereitet.
Die Väter schlachteten ein Lamm.
Und die Mütter
backten flaches Brot,
das an den Auszug
aus Ägypten erinnerte.

Auch Jesus wollte mit seinen Jüngern
das Passamahl halten.
Er rief zwei seiner Jünger zu sich
und bat sie:
„Geht in die Stadt
und bereitet das Mahl für uns vor!"
„Aber wo?", fragten die beiden.
„In welchem Haus?"
Jesus antwortete:
„Wenn ihr in die Stadt kommt,
werdet ihr einen Mann treffen,
der einen Krug trägt.
Folgt ihm bis in sein Haus
und fragt dort den Hausherrn:
‚Wo kann Jesus das Passamahl feiern?'
Dann wird er euch
einen großen Saal zeigen,
wo schon ein Tisch
für das Mahl bereitsteht."

Da gingen die beiden
und fanden den Saal,
wie Jesus gesagt hatte.
Sie bereiteten das Passalamm zu
und deckten den Tisch.
An die Tür aber stellten sie
einen Krug mit Wasser
und dazu eine Schüssel
zum Waschen der staubigen Füße.

83

Gegen Abend kam Jesus
mit den anderen Jüngern zum Saal.
Als aber die Jünger die Schüssel
und den Wasserkrug sahen,
wunderten sie sich:
Wo war der Diener,
der ihnen die Füße wusch?
Es gab hier keinen Diener.
Sollten sie etwa selbst
diese Schmutzarbeit tun?
„Unmöglich!", sagten sie sich.
„Wir sind doch keine Diener!"
So setzten sie sich einfach
mit staubigen Füßen zu Tisch.

Da stand Jesus vom Tisch auf.
Er sagte kein Wort.
Er band sich ein Tuch um,
goss Wasser in die Schüssel,
trug sie zu den Jüngern,
beugte sich zu ihnen herab
und fing an,
ihnen die Füße zu waschen.

Die Jünger waren entsetzt.
Wie? Jesus, ihr Herr und Meister,
wollte ihnen die Füße waschen?
Er war doch nicht ihr Diener.
„Aber Herr", rief Petrus,
„was machst du?
Das lasse ich nicht zu,
auf gar keinen Fall."

Doch Jesus entgegnete:
„Du verstehst mich nicht,
Petrus, noch nicht.
Aber bald wirst du wissen,
warum ich das tue.
Glaube mir:
Wenn ich es nicht tue,
gehörst du nicht richtig zu mir."

„Dann wasch mich bitte ganz!",
bat Petrus.
„Auch meine Hände
und mein Gesicht!"
„Das ist nicht nötig",
sagte Jesus zu ihm.
„Wenn ich deine Füße wasche,
dann ist das genug."
Und er fuhr fort,
allen Jüngern die Füße zu waschen.

Danach stand Jesus auf,
trug die Schüssel zurück,
setzte sich an den Tisch
und sagte zu seinen Jüngern:
„Seht, ich bin euer Herr.
Und doch habe ich getan,
was sonst nur ein Diener tut.
So sollt auch ihr Diener sein
und einander dienen."

Da schwiegen die Jünger beschämt.
Sie spürten alle:
Dies hatte Jesus für sie getan.
Und sie begannen zu ahnen:
Bald würde er noch viel mehr
für sie alle tun.

Markus 14, 12 ff. / Johannes 13, 1-15

## 39. Jesus feiert das Mahl

Endlich war es so weit:
Das Passamahl konnte beginnen.
Auf dem Tisch stand
ein festliches Essen
mit Lammfleisch,
Kräutern und Soße,
mit flachem Brot
und einem großen Becher,
der mit Wein gefüllt war.

Die Jünger saßen um den Tisch
und schauten voller Erwartung
auf Jesus.

Doch Jesus sagte traurig:
„Dies ist das letzte Mahl,
das ich mit euch esse.
Bald werde ich nicht mehr
bei euch sein.
Meine Feinde werden
mich verhaften und töten.

Und einer von euch
wird mich verraten."

Die Jünger sahen sich entsetzt an.
Jesus verraten? Unmöglich!
Wen meinte Jesus?
„Herr", fragten sie,
einer nach dem anderen,
„meinst du mich?"
„Oder bin ich's etwa?"
„Oder ich?"
„Nein", sagte Jesus.
„Der ist es, der jetzt mit mir
aus der Schüssel isst.
Der wird mich verraten."
„Doch nicht ich?",
fragte Judas.
„Doch", sagte Jesus,
„du bist es."

Aber die anderen Jünger
verstanden nicht,
was hier vor sich ging.
Sie saßen da und warteten,
dass Jesus über dem Brot und Wein
die Worte sprach,
die immer beim Passamahl
gesprochen wurden,
Worte, die an den Auszug
aus Ägypten erinnerten.

Da nahm Jesus das Brot,
dankte Gott,
brach es,
gab es seinen Jüngern und sprach:

*„Nehmt und esst!*
*Das ist mein Leib,*
*der für euch gegeben wird."*

Danach nahm er auch den Becher,
dankte Gott,
gab ihn seinen Jüngern und sprach:

*„Trinkt alle daraus!*
*Das ist mein Blut,*
*das für euch vergossen wird*
*zur Vergebung der Sünden."*

Da horchten die Jünger auf.
Nein, das waren nicht die Worte,
die sonst beim Passamahl
gesprochen wurden.
Das waren neue, unerhörte Worte!
Worte, die von ihrem Herrn
und von seinem nahen Tod sprachen.
Schweigend nahmen sie
das Brot aus seiner Hand,
dazu den Becher mit Wein
und aßen und tranken.
Aber sie spürten:
Alles war anders
bei diesem Passamahl.
Sein eigenes Leben
gab Jesus für sie hin.

Matthäus 26, 20–29


## 40. Jesus betet in Gethsemane

Das Passamahl ging zu Ende.
Jesus und seine Jünger
stimmten das Danklied an.
Danach standen sie auf,
löschten die Lichter im Saal
und gingen hinaus in die Nacht.

Aber nur noch elf Jünger
folgten Jesus.
Judas war nicht mehr dabei.
Wo mochte er sein?
Keiner wagte, Jesus zu fragen.
Aber sie ahnten alle:
In dieser Nacht würde geschehen,
was Jesus vorausgesagt hatte.

Schweigend folgten sie Jesus
durch die dunklen Straßen der Stadt
bis hinaus vor das Stadttor.
Dort draußen, am Ölberg,
wollten sie die Nacht
in einem Garten verbringen,
der Gethsemane hieß.

Plötzlich wandte sich Jesus um
und sprach zu den Jüngern:
„Hört, in dieser Nacht
werdet ihr mich alle verlassen."

„Nein!", fiel ihm Petrus ins Wort.
„Ich verlasse dich nicht.
Und wenn dich alle
im Stich lassen, ich nicht!"
„Doch", sagte Jesus, „auch du!
Noch in dieser Nacht,
bevor früh am Morgen
der Hahn kräht,
wirst du mich verleugnen.
Dreimal wirst du sagen,
dass du mich nicht kennst."

„Nein! Nein!",
rief Petrus noch lauter.
„Ich verleugne dich nicht.
Lieber will ich sterben mit dir."
„Nein!", fielen nun auch
die anderen Jünger ein.
„Wir bleiben bei dir."

Da sagte Jesus nichts mehr.
Still ging er
vor seinen Jüngern her,
bis sie zum Garten
Gethsemane kamen.
„Setzt euch hier hin",
sagte Jesus zu ihnen,
„und wartet auf mich!
Ich will in den Garten gehen
und beten."
Nur drei Jünger nahm er

mit sich in den Garten,
Petrus, Jakobus und Johannes.

Als sie miteinander ein Stück
gegangen waren,
blieb Jesus auf einmal stehen.
Er zitterte am ganzen Leib.
Todtraurig sah er aus.
„Mir ist sehr bange",
sagte er zu seinen Jüngern.
„Wartet hier und wacht mit mir!"
Da setzten sich die drei
unter einen Ölbaum und wachten.

Jesus aber ging noch weiter
in den dunklen Garten hinein,
kniete dort nieder und sprach
mit seinem Vater im Himmel.
„Mein Vater", sprach er,
„wenn es möglich ist,
dann lass mich nicht leiden!
Aber nicht wie ich will,
sondern wie du willst,
soll es geschehen."

Lange Zeit kniete Jesus
auf der Erde und betete.
Er berührte mit seinem Gesicht
fast den Boden.
So tief beugte er sich hinab.

Danach stand er auf
und kehrte zurück
zu den drei Jüngern.
Aber sie bemerkten ihn nicht.
Sie lagen am Boden
und schliefen.
„Petrus", rief Jesus,
„könnt ihr nicht eine Stunde
mit mir wachen?
Wachet und betet,
damit ihr nicht
in Versuchung kommt!"

Und noch einmal ging Jesus
in den dunklen Garten,
kniete nieder und sprach
mit seinem Vater im Himmel.
„Mein Vater", sprach er,
„wenn es sein muss,
dass ich sterben soll,
dann bin ich bereit.
Dein Wille geschehe!"

Danach kehrte er wieder
zu seinen Jüngern zurück.
Aber sie schliefen schon wieder.
Da ließ Jesus sie schlafen
und blieb allein wach.

Und noch ein drittes Mal
betete Jesus im Garten.
Niemand sah,
wie er dort kniete.
Niemand hörte,
was er dort sprach.
Aber sein Vater war bei ihm.
Der stärkte und tröstete ihn.

Da war Jesus bereit,
in den Tod zu gehen.

Er stand auf
und ging zu seinen Jüngern zurück.

Matthäus 26, 36–46

## 41. Jesus wird verhaftet

Als Jesus zu seinen Jüngern kam,
schliefen sie immer noch.
Da weckte sie Jesus
und sagte zu ihnen:
„Steht auf!
Es ist Zeit.
Gleich werden sie kommen
und mich verhaften.
Seht, der Verräter ist schon da!"

Plötzlich waren die Jünger hellwach.
Sie hörten Stimmen im Garten.
Fackeln leuchteten auf.
Männer mit Knüppeln und Schwertern
stürmten heran:
die Wache des Hohenpriesters!
Auch Judas war dabei.
Er lief den anderen voran.

Erschrocken sprangen die Jünger auf.
Was hatte Judas vor?
Wen suchte er hier?
Schon stand er vor Jesus.
Er grüßte und küsste ihn.
„Warum bist du gekommen,
mein Freund?", fragte ihn Jesus.
Doch Judas antwortete nicht.

Und schon umringten auch
die anderen Männer Jesus.
Sie fielen über ihn her,
packten ihn und fesselten ihn
wie einen Verbrecher.

Als Petrus das sah,
zog er sein Schwert,
stürzte sich
auf einen der Knechte
und schlug ihm das Ohr ab.

„Halt, Petrus!", rief Jesus.
„Weg mit dem Schwert!
Weißt du nicht?
Mein Vater im Himmel
könnte ein Heer von Engeln schicken,
um mich zu retten.
Aber es muss so geschehen.
Gott will es."

Und er wandte sich
zu den Männern,
die ihn festhielten,
und fragte sie:
„Warum kommt ihr zu mir
mit Knüppeln und Schwertern
und fesselt mich wie einen Räuber?
War ich nicht jeden Tag
bei euch im Tempel?
Warum habt ihr mich
dort nicht verhaftet?
Doch ich weiß:
Es muss so geschehen."

Als die Jünger das hörten,
packte sie große Angst.
Schnell flohen sie nach allen Seiten
und ließen Jesus allein.

Matthäus 26, 47–56

## 42. Jesus wird verhört

Die Wache brachte Jesus
zum Palast des Hohenpriesters.
Dort waren alle Fenster erleuchtet.
Denn drinnen im Palast
saß der Hohepriester Kaiphas
mit vielen Priestern und Ratsherrn
und wartete auf Jesus.
Noch in dieser Nacht
sollte er verhört werden.

Endlich ging die Tür auf.
Jesus wurde hereingeführt.
Und feierlich wurde
die Verhandlung eröffnet.
Danach rief Kaiphas
viele Zeugen auf
und fragte sie alle:
„Sagt uns die Wahrheit:
Was hat Jesus getan?
Was bringt ihr gegen ihn vor?"

„Er hat die Leute aufgehetzt",
behaupteten die einen.
„Er hat gesagt,
er will den Tempel zerstören",
meinten die anderen.
Aber was sie auch vorbrachten,
es war alles nicht wahr.

Da stand der Hohepriester auf
und ergriff selber das Wort.
„Hörst du nicht,

89

wie sie dich alle verklagen?",
fragte er Jesus.
„Warum sagst du nichts dazu?
Warum verteidigst du dich nicht?"
Aber Jesus antwortete nichts.
Er sagte kein Wort.

Da hob der Hohepriester
feierlich die Hand und sprach:
„Ich beschwöre dich bei Gott:
Sag uns die Wahrheit!
Bist du Christus,
der Retter,
der Sohn Gottes?
Ja oder nein?"

„Ja, du sagst es",
antwortete Jesus,
so laut und deutlich,
dass jeder im Saal es verstand.
„Und ich sage euch:
Ich gehe nun zu meinem Vater.
Doch einst werde ich wiederkommen.
Dann werdet ihr alle erkennen,
wer ich bin."

Da zerriss der Hohepriester
sein Gewand und rief:
„Er hat Gott gelästert!
Wozu brauchen wir noch Zeugen?
Ihr habt alle gehört,
was er gesagt hat.
Was meint ihr?
Welche Strafe hat er verdient?"

„Er muss sterben", schrien alle.
„Ja, sterben muss er!"

Da fielen auch schon
die Knechte des Hohenpriesters
über Jesus her.
Sie spuckten ihn an,
schlugen ihm ins Gesicht
und verspotteten ihn.

„Ha", riefen sie,
„du willst Gottes Sohn sein?
Dann sag uns doch:
Wer hat dich geschlagen?
Sag's, wenn du es kannst!"

Aber Jesus sagte nichts,
kein einziges Wort.

Matthäus 26, 57–68

# 43. Jesus wird verleugnet

Draußen im Hof vor dem Palast
warteten die Männer,
die Jesus verhaftet hatten.
Sie standen in Gruppen zusammen
und unterhielten sich.
Einige saßen an einem Feuer
und wärmten sich.
Auch ein paar Mägde standen dabei.
Sie hörten zu,
was die Männer erzählten.

Da ging das Tor auf.
Ein Mann schlich sich in den Hof.
Er schaute ängstlich um sich.
Doch niemand beachtete ihn.
Petrus war es,
der Jünger Jesu.
Er war Jesus
bis hierher gefolgt.
Er wollte erfahren,
was mit Jesus geschah.
Er wollte es genau wissen.
So setzte er sich
zu den Männern ans Feuer
und lauschte.
Doch immer wieder spähte er
heimlich hinüber zu dem Saal,
wo sie Jesus verhörten.

Da kam eine Magd auf Petrus zu.
Sie stellte sich frech vor ihn hin,
musterte ihn von oben bis unten
und rief: „He du!
Du gehörst doch auch
zu diesem Jesus!"

Petrus fuhr erschrocken hoch.
„Nein!", rief er.
„Was sagst du da?
Ich weiß gar nicht,
was du meinst."
Schnell lief er zum Tor
und wollte sich leise davonstehlen.

Aber dort am Tor
stand eine andere Magd.
Die stellte sich
Petrus in den Weg,
zeigte mit dem Finger auf ihn
und rief: „Seht!
Der gehört auch
zu diesem Jesus!"

Petrus stockte der Atem.
„Nein, nein!",
rief er noch einmal.
„Ich kenne diesen Jesus gar nicht."

Nun wurden auch
die anderen aufmerksam.
Sie kamen herbei,
umringten Petrus und riefen:
„Doch! Doch!
Dich kennen wir gut.
Du gehörst auch zu diesem Jesus.
Du kommst doch
aus derselben Gegend wie er.
Man hört es an deiner Aussprache."

„Nein, nein, nein!", rief Petrus.
„Ich sage es euch.
Bei Gott, ich schwöre es:
Ich kenne den Menschen nicht."

Da krähte ein Hahn.
Petrus zuckte zusammen.
Plötzlich fiel ihm wieder ein,
was Jesus gesagt hatte:
„Bevor der Hahn kräht,
wirst du mich dreimal verleugnen."

Nun war es geschehen.
Petrus schlug seine Hände
vor das Gesicht,
bahnte sich einen Weg
durch die Menschen,
lief aus dem Hof
und weinte und weinte.

Matthäus 26, 69–75

## 44. Jesus wird verurteilt

Die Nacht war vorüber.
Ein neuer Tag brach an.
Es war der Tag,
an dem Jesus sterben sollte.

Aber wer sollte Jesus töten?
Der Hohepriester durfte es nicht tun.
Nur die Römer konnten
einen Verbrecher hinrichten.
So wurde Jesus am frühen Morgen
zu dem römischen Statthalter
Pontius Pilatus geführt.
Der war der oberste Richter
und der mächtigste Mann im Land.
Er wohnte zu dieser Zeit
in einer großen Burg in Jerusalem
und hatte viele Soldaten.

Als die Priester und Ratsherren
mit Jesus dort ankamen,
blieben sie vor der Burg stehen,
bis Pilatus zu ihnen heraus kam.

„Warum bringt ihr
diesen Gefangenen zu mir?",
fragte Pilatus.
„Weil er sterben muss",
riefen die Priester.

„Aber was hat er denn getan?",
fragte Pilatus.
„Er hat das Volk aufgehetzt.
Er sagt, er sei unser König."

Da horchte Pilatus auf.
„Wie?", fragte er Jesus.
„Bist du der König der Juden,
der Retter, auf den sie warten?"
„Ja", sagte Jesus,
„ich bin es."

Aber die anderen riefen:
„Er lügt!
Er ist ein Verbrecher.
Glaub ihm nicht!"
Und immer mehr Anklagen
brachten sie gegen Jesus vor.

„Hörst du denn nicht,
wie dich alle verklagen?",
fragte Pilatus.
Aber Jesus schwieg.

Da wurde Pilatus unsicher.
Was sollte er tun?
Jesus verurteilen?
Aber wenn er doch unschuldig war?
Oder sollte er ihn freigeben?
Aber dann hatte er
viele Juden gegen sich.

Als er noch überlegte,
kam ein Diener, der meldete ihm:
„Deine Frau lässt dir sagen:
‚Verurteile diesen Mann nicht!
Er ist unschuldig.'
Sie hat es heute im Traum
deutlich gesehen."

Da wurde Pilatus erst recht unsicher.
Er wollte Jesus gern retten,
aber wie?

Plötzlich hatte er einen Einfall.
Er befahl seinen Soldaten:
„Holt den Mörder Barabbas
aus dem Gefängnis
und bringt ihn zu mir!"
Da holten die Soldaten
Barrabas aus dem Gefängnis
und brachten ihn zu Pilatus.

Pilatus aber führte
Barrabas und Jesus vor die Burg
und rief den Menschen zu,
die dort warteten:
„Hört, ihr Juden!
Ihr habt morgen ein Fest.
Da will ich euch etwas schenken.
Einen Gefangenen
will ich euch freigeben.
Sagt selbst, wen ihr haben wollt:
Barabbas oder Jesus?"

Natürlich Jesus,
dachte Pilatus bei sich.
Jesus wollen sie haben.
Er ist nicht gefährlich
wie Barabbas, dieser Mörder.

Aber die Priester stachelten
das Volk an: „Schreit:
‚Barabbas wollen wir haben!'"
Da schrien alle: „Barabbas!
Gib uns Barabbas frei!"

„Aber was soll ich denn
mit Jesus machen?",
fragte Pilatus unsicher.
„Ans Kreuz mit ihm!",
schrien sie alle.
„Ja, kreuzige ihn!
Kreuzige ihn!"

Da ließ sich Pilatus
eine Schüssel mit Wasser bringen
und wusch seine Hände vor allen,
als ob er sagen wollte:
Ich habe nichts mit diesem
schmutzigen Handel zu tun.
Und er rief laut:
„Ich bin unschuldig am Tod
dieses Menschen.
Nehmt ihr ihn und macht mit ihm,
was ihr wollt!"
Dann übergab er Jesus den Soldaten,
damit sie ihn kreuzigten.

Da packten die Soldaten Jesus,
zerrten ihn in die Burg,
rissen ihm die Kleider vom Leib,
banden ihn an eine Säule
und peitschten ihn aus.
Danach warfen sie ihm
einen roten Mantel um,
flochten eine Krone aus Dornen,
drückten sie auf seinen Kopf
und gaben ihm einen Stab
in die Hand.

„Was für ein feiner König!",
spotteten sie.
„Seht nur sein Gewand,
die Krone und das Zepter!"
Sie johlten vor Vergnügen,
warfen sich vor ihm nieder
und riefen:
„Sei gegrüßt, du König der Juden!"
Und sie spuckten ihm ins Gesicht,
rissen ihm den Stab weg
und schlugen ihm damit
auf den Kopf.

Endlich hatten sie genug
von ihrem Spiel.
Sie banden Jesus los

und führten ihn hinaus,
um ihn zu kreuzigen.

Matthäus 27, 1–30

## 45. Jesus wird gekreuzigt

Vor den Mauern der Stadt
lag der Hügel Golgatha.
Dort sollte Jesus gekreuzigt werden.

Die Soldaten schleppten
ein Kreuz aus Holz herbei,
legten es Jesus auf den Rücken
und führten ihn hinaus vor die Stadt.
Viele Menschen folgten dem Zug.

Aber das Kreuz war zu schwer.
Jesus brach fast zusammen.
Da winkten die Soldaten einem Mann,
der gerade vom Feld kam,
Simon von Kyrene.
Ihn zwangen sie,
das Kreuz zu tragen.

Endlich erreichten sie
den Hügel Golgatha.
Die Soldaten legten
Jesus auf das Kreuz,
nagelten ihn an das Holz
an Händen und Füßen
und richteten das Kreuz auf.

Danach setzten sie sich
unter das Kreuz
und verlosten die Kleider,
die Jesus gehörten.

Aber oben am Kreuz
hatten sie ein Schild angebracht,
darauf stand geschrieben:
„Dies ist Jesus,
der König der Juden."

*Jesus muss sterben*

*Mit ausgestreckten Armen
hing Jesus am Kreuz
und ließ stumm alles geschehen.*

Auch zwei Verbrecher
wurden mit Jesus gekreuzigt,
rechts und links von ihm.
„Ha", höhnte der eine,
„wenn du der König bist,
dann zeig uns doch,
was du kannst!"

„Ja", fielen andere ein,
die am Kreuz vorübergingen.
„Steig doch vom Kreuz herab,
wenn du Gottes Sohn bist!"

„Ja, recht so!", spotteten
auch die Priester und Ratsherrn.
„Seht, anderen hat er geholfen.
Aber sich selbst
kann er nicht helfen.
Wenn er wirklich
der König der Juden ist,
dann soll er jetzt zeigen,
was er kann.
Dann wollen wir ihm gern glauben."

Aber nichts geschah.
Mit ausgestreckten Armen
hing Jesus am Kreuz
und ließ stumm alles geschehen.

Um die Mittagszeit aber
wurde es plötzlich ganz dunkel.
Die Sonne verschwand.
Und Nacht brach herein,
mitten am Tag.

Stunden vergingen.
Aber es schien,
als wollte der Himmel
nie mehr hell werden.
Da schrie Jesus laut:
„Mein Gott! Mein Gott!
Warum hast du mich verlassen?"

„Hört", spotteten einige,
„jetzt schreit er um Hilfe."

Und einer von ihnen
nahm einen Schwamm
tauchte ihn in Essig
und gab Jesus zu trinken.

Aber die anderen spotteten weiter:
„Halt! Lasst sehen,
ob ihm einer hilft!"
Doch Jesus schrie
noch einmal laut auf
und – war tot.

Aber sieh da!
Plötzlich bebte die Erde.
Steine krachten.
Felsen barsten.
Und im Tempel riss
der Vorhang mitten entzwei.

Unter dem Kreuz aber
stand ein römischer Hauptmann
mit seinen Soldaten.
Als dieser sah, was hier geschah,
rief er: „Wahrhaftig!
Dieser Mensch war wirklich
Gottes Sohn."

\*

So starb Jesus am Kreuz.
Und er wurde
noch am selben Tag begraben,
bevor der große Festtag
der Juden begann.
Josef von Arimathäa,
ein reicher Ratsherr
und heimlicher Anhänger Jesu
kam gegen Abend zum Kreuz.
Behutsam nahm er
den Leichnam Jesu vom Kreuz,
hüllte ihn in kostbare Tücher
und trug ihn zu seinem Garten,
der nah bei dem Hügel Golgatha lag.

Dort war eine neue Grabhöhle
in den Felsen gehauen.
In diese Höhle legte Josef
den Leichnam Jesu hinein
und rollte einen großen Stein
vor den Eingang.

Nicht weit davon entfernt
saßen zwei Frauen,
die alles beobachtet hatten,
Maria und Maria Magdalena.

Sie waren Jesus
bis hierher gefolgt.
Als sie sahen,
wo Jesus begraben wurde,
nahmen sie sich vor:
Wenn der Festtag vorüber ist,
wollen wir zum Grab gehen,
und den Toten mit Öl salben,
wie es in Israel Brauch war.

Aber niemand von ihnen ahnte,
was dann an jenem Tag geschah…

Matthäus 27, 31–61

# Jesus lebt

*Schon vor langer Zeit
hatte Jesus vorausgesagt:
„Ich muss leiden und sterben.
Aber am dritten Tag
werde ich auferstehen."
Damals verstand niemand,
was Jesus meinte.
Auch seine Jünger
verstanden es nicht.*

*Aber an Ostern geschah,
was Jesus seinen Jüngern
vorausgesagt hatte.
Gott selber griff ein
und machte es wahr:
Er weckte Jesus
aus dem Tod auf
und rief ihn aus dem Grab
ins Leben.*

## 46. Jesus erscheint den Frauen

Der Festtag war vorüber.
Ein neuer Tag brach an.
Noch war es still
und dunkel in Jerusalem.

Doch zwei Frauen
waren schon unterwegs:
Maria und Maria Magdalena.
Sie gingen zum Grab Jesu
und hatten ein Gefäß
mit duftender Salbe bei sich.
Damit wollten sie
den Leichnam Jesu einsalben.

Als sie zum Garten kamen,
sahen sie schon von weitem
den großen Stein,
der vor dem Grab lag.
Und sie fragten sich besorgt:
„Wer wälzt uns den Stein weg?"

Aber sieh da!
Plötzlich bebte die Erde.
Ein Blitz fiel vom Himmel,
so hell,
dass die Wächter am Grab
vor Schreck umfielen.

Auch die Frauen erschraken
und sahen hinüber zum Grab.
Sie trauten ihren Augen nicht:
Der Stein war weggewälzt!

Schnell liefen sie zum Grab
und schauten hinein.
Aber – was war das?
Das Grab war leer!
Nein, nicht leer!
Ein Mann saß
am Eingang der Höhle.
Ein Engel, ein Bote Gottes,
in leuchtendem Kleid.

Erschrocken schlugen die Frauen
ihre Hände vor das Gesicht.

Aber der Engel sprach:
„Fürchtet euch nicht!
Ich weiß, wen ihr sucht:
Jesus, den sie gekreuzigt haben.
Aber er ist nicht hier.
Er ist auferstanden,
wie er gesagt hat.
Kommt her und seht,
wo er gelegen hat!"

Die Frauen wussten nicht,
was sie sagen sollten.
Zitternd sahen sie
in das offene Grab.
Und wirklich! Es war,
wie der Engel gesagt hatte:
Das Grab war leer.

Da flohen die Frauen
aus dem Garten.
Sie bebten am ganzen Leib.
Sie wussten nicht:
Sollten sie lachen
oder weinen vor Freude.

Auf einmal kam ihnen
ein Mann entgegen.
Plötzlich erkannten sie ihn.
Jesus war es!
Ja, er war es wirklich.
Er lebte!

Da fielen die Frauen
vor Jesus nieder,
streckten ihre Hände aus
und umfassten seine Füße.

Aber Jesus sprach zu ihnen:
„Fürchtet euch nicht!
Auf, geht schnell zu den Jüngern
und erzählt ihnen,

was ihr erlebt habt!
Und sagt ihnen:
Auch sie werden mich wiedersehen."

Da eilten die Frauen
zurück in die Stadt,
voll Furcht und voll Freude,
und kamen zu den Jüngern,
die immer noch weinten und klagten.

„Freut euch!", riefen die Frauen.
„Jesus lebt!
Er ist auferstanden!
Wir haben ihn selbst gesehen."
Aber die Jünger
schüttelten traurig den Kopf
und wollten ihnen nicht glauben.

Matthäus 28, 1–10 (Markus 16, 11)

## 47. Jesus erscheint den Jüngern

Es war Abend geworden.
Zwei Männer wanderten von Jerusalem
zu dem kleinen Dorf Emmaus.
Sie waren Freunde Jesu gewesen.
Traurig gingen sie nebeneinander her
und unterhielten sich miteinander.

„Nun ist alles vorbei", klagte der eine.
„Jesus, unser Lehrer, ist tot.
Wir aber hatten gehofft,
er würde unser König werden."

„Ja", fiel der andere ein.
„Warum musste Jesus sterben?
Wir werden es nie begreifen."

Als sie so redeten,
holte ein Fremder sie ein.
Erst bemerkten sie ihn gar nicht.
So sehr waren sie
in ihr Gespräch vertieft.

Doch der Fremde sprach sie an:
„Von wem redet ihr?
Warum seid ihr so traurig?"
Verwundert blieben die beiden stehen.
„Wie?", fragten sie erstaunt.
„Du weißt nicht,
was in Jerusalem geschehen ist?"
„Was denn?", entgegnete der Fremde.

Da fingen die beiden an zu erzählen:
„Kennst du Jesus von Nazareth?
Er wurde getötet
und ans Kreuz gehängt
wie ein Verbrecher.
Aber er war kein Verbrecher.
Er hat nur Gutes getan.
Und wir hatten gehofft,
er sei der Retter
und werde unserem Volk helfen.
Doch nun ist er tot,
schon den dritten Tag.
Aber stell dir vor:
Heute Morgen kamen Frauen,
die erzählten: ‚Jesus lebt!
Sein Grab ist leer.'
Doch wir wissen nicht,
was wir davon halten sollen."

„Ach ihr!", rief der Fremde.
„Warum wollt ihr nicht glauben,
was doch schon die Propheten
vorausgesagt haben?
Musste es nicht so geschehen?
Wenn Jesus der Retter ist,
musste er dann nicht leiden
und sterben und auferstehen?"
Und er erklärte ihnen alles,
was in der Heiligen Schrift
über den Retter stand.

Die beiden hörten aufmerksam zu.
Wie lebendig der Fremde
die Schrift auslegte!

Ganz anders als ihre Gelehrten!
So etwas hatten sie noch nie gehört.
Wer konnte dieser Fremde nur sein?

Es war schon spät,
als sie endlich in Emmaus ankamen.
Die Sonne ging bereits unter.
Da nahm der Fremde Abschied
und wollte weiterziehen.
Aber die beiden drängten ihn:
„Zieh bitte nicht weiter!
Bleibe bei uns!
Denn bald wird es Nacht."

Da ging der Fremde mit in ihr Haus
und setzte sich mit ihnen zu Tisch.
Und er nahm das Brot,
dankte Gott, brach es
und gab es den beiden.
Die aber starrten ihn an
mit aufgerissenen Augen.
Mit einem Mal begriffen sie,
wer da bei ihnen saß:
Jesus war es,
ihr Retter und Herr!
Leibhaftig saß er vor ihnen.

Er lebte!
„Jesus", wollten sie rufen,
„bist du es wirklich?"
Aber da war Jesus
nicht mehr zu sehen.

Die Freunde sahen sich betroffen an.
„Wie ist das nur möglich?",
fragten sie sich.
„Den ganzen Weg ging Jesus mit uns.
Aber wir haben ihn nicht erkannt.
Und doch!
Wie ging uns das Herz auf,
als er mit uns sprach
und uns die Heilige Schrift erklärte!"

Da hielt es die beiden
nicht mehr in ihrem Haus.
Sofort standen sie auf
und eilten noch am selben Abend
nach Jerusalem zurück.
Dort liefen sie zu dem Haus,
wo die Jünger versammelt waren,
klopften an die Tür und riefen:
„Macht auf! Wir sind es,
die Freunde aus Emmaus.

101

Wir haben gute Nachricht für euch."
„Wir auch", riefen die Jünger
ihnen entgegen.
„Jesus ist auferstanden!
Er ist Petrus erschienen."

„Ja", fielen die beiden ein,
„er ist wahrhaftig auferstanden!"
Und sie erzählten voll Freude,
was sie auf dem Weg erlebt hatten
und wie Jesus das Brot
für sie gebrochen hatte.

Doch als sie noch
miteinander redeten,
stand plötzlich Jesus vor ihnen
und sprach:
„Friede sei mit euch!"

Die Jünger sahen ihn entgeistert an.
Wie war er nur zu ihnen gekommen?
Die Tür war verriegelt.
Auch die Fenster waren verschlossen.
Vielleicht ist es gar nicht Jesus,
dachten sie erschrocken.
Vielleicht ist es nur sein Geist?

Aber Jesus sprach:
„Warum seid ihr so erschrocken?
Warum habt ihr solche Gedanken?
Seht meine Hände!
Seht meine Füße!
Seht meine Wunden
von den Nägeln am Kreuz!
Ich bin es wirklich."

Aber die Jünger
waren immer noch sprachlos.
Da bat sie Jesus:
„Habt ihr etwas zu essen?"
Und er setzte sich
mit ihnen zu Tisch wie früher
und aß vor ihren Augen
ein Stück gebratenen Fisch.

Da brach große Freude aus
bei allen Jüngern.
Nun glaubten sie gewiss:
Jesus, ihr Herr, lebte.
Er war durch verschlossene Türen
zu ihnen gekommen.

Lukas 24

## 48. Jesus geht zum Vater

Vierzig Tage waren
seit Ostern vergangen.
Da erschien Jesus
seinen Jüngern noch einmal
auf einem Berg.
Den Jüngern war es traurig zumute.
Sie spürten:
Dies war das letzte Mal,
dass sie Jesus sahen.

Da wandte sich Jesus
zu seinen Jüngern und sprach:
„Seid nicht traurig!
Ich lasse euch
nicht allein zurück.
Mein Vater wird euch
seinen Geist geben.
Der wird euch zeigen,
was ihr tun sollt.
Ihr werdet meine Boten sein
in Jerusalem
und im ganzen Land
und bis an das Ende der Erde."

Als er noch mit ihnen sprach,
kam eine Wolke und nahm ihn auf
vor ihren Augen.
Die Jünger aber standen da
wie betäubt
und starrten zum Himmel.

Aber plötzlich sahen sie
vor sich zwei Männer
in leuchtenden Kleidern.
Es waren Boten Gottes,
die sprachen:
„Ihr Männer,
warum steht ihr da
und starrt in den Himmel?
Jesus ist zu seinem Vater gegangen.
Aber freut euch!
Er wird wiederkommen."

Da fassten die Jünger Mut.
Sie stiegen den Berg hinunter,
gingen nach Jerusalem zurück
und dankten Gott,
der ihnen ein so großes
Versprechen gegeben hatte.

Apostelgeschichte 1, 1–11

# 49. Gott schenkt seinen Geist

Fünfzig Tage nach Ostern
feierten die Juden in Jerusalem
wieder ein Fest, das Pfingstfest.
Es war das Fest, an dem sie
an den Bund dachten,
den Gott einst mit ihren Vorfahren
am Berg Sinai geschlossen hatte.
Jahr um Jahr kamen
viele Besucher zum Fest.
Sogar aus fernen Ländern
reisten sie an.
So war es auch in diesem Jahr.
Aber an diesem Pfingstfest
geschah etwas Unerhörtes.

Es war Morgen.
Auf den Straßen von Jerusalem
waren schon viele Menschen

unterwegs zum Tempel.
Aber plötzlich – was war das?
Es brauste,
als ob ein Sturm losgebrochen sei.
Erschrocken blieben die Leute stehen.
Sie schauten sich um:
Woher kam das Brausen?

Da bemerkten sie ein Haus.
Brausender Jubel drang
durch die Fenster.
Das ganze Haus
schien davon erfüllt.
Neugierig liefen die Leute hinzu.
Da sahen sie: In dem Haus
waren Jesu Jünger versammelt.
Die jubelten, sangen Loblieder
und beteten laut.
Es sprudelte nur so
aus ihnen heraus.
Und über ihren Köpfen
leuchtete es,
als ob sie Feuer gefangen hätten.

Die Leute kamen
aus dem Staunen nicht heraus.
„Was ist nur
in die Männer gefahren?",
fragten sie erschrocken.
Und einige riefen bestürzt:
„Sie reden ohne Aufhören
und wir alle verstehen sie,
obwohl wir von weither kommen.
Woher kennen sie unsere Sprache?"
„Ach was!", spotteten andere.
„Die lallen doch nur!
Sie sind betrunken.
Das ist alles."

Aber niemand verstand wirklich,
was hier geschah:
Gottes Geist
hatte Jesu Jünger erfasst.

103

Unbeschreibliche Freude
erfüllte sie.
Alle Angst war verflogen.
Nun hatten sie Mut,
zu den Menschen zu gehen
und von Jesus zu reden.
Weit öffneten sie ihre Tür
und gingen hinaus auf die Straße.
Dort hatte sich inzwischen schon
eine riesige Menge versammelt.
Und immer noch kamen
Menschen hinzu und fragten:
„Was ist los?
Sagt, was geht hier vor?"
Aber niemand konnte sagen,
was wirklich geschehen war.

Da rief Petrus laut in die Menge:
„Ihr Juden, hört mir zu!
Ich will euch sagen,
was geschehen ist.
Wir haben keinen Wein getrunken,
wie ihr meint.
Sondern Gott hat uns
seinen Geist geschenkt.
Darum reden wir zu euch
und sagen euch, was uns bewegt:
Ihr kennt doch Jesus von Nazareth?
Wisst ihr noch,
was er getan hat,
wie er geholfen und geheilt hat?
Ihr habt das alles
mit eigenen Augen gesehen.
Und dennoch
habt ihr ihn umgebracht.
Doch hört:
Dieser Jesus von Nazareth
ist nicht tot.
Er lebt!
Gott hat ihn auferweckt.
Wir haben ihn selbst gesehen.
Glaubt uns:

Er ist wirklich der König,
auf den wir gehofft haben.
Er ist der Retter und Herr
über die ganze Welt:
Jesus, den ihr gekreuzigt habt!"

Als die Leute das hörten,
ging es ihnen durch und durch.
Und sie fragten betroffen:
„Was sollen wir denn tun?"
„Kehrt um!", rief Petrus.
„Bittet Gott,
dass er euch eure Sünde vergibt!
Und lasst euch taufen
auf den Namen Jesu!
Dann wird Gott euch
seinen Geist schenken."

Da ließen sie sich taufen,
3000 Menschen an einem Tag.
Es wurde
das fröhlichste Pfingstfest,
das sie je gefeiert hatten.
Gott hatte einen neuen Bund
mit ihnen geschlossen
durch die Taufe.

Von nun an gehörten sie alle
wie eine große Familie zusammen,
alle, die auf den Namen
Jesu Christi getauft waren.
Jeden Tag trafen sie sich
in ihren Häusern,
aßen miteinander und beteten,
sangen Loblieder und hörten,
was die Jünger von Jesus erzählten.
Christen nannten sie sich,
weil sie an Jesus Christus glaubten
und auf seinen Namen getauft waren.

Apostelgeschichte 2

„Kehrt um", rief Petrus,
„und lasst euch taufen auf den Namen Jesu!
Dann wird Gott euch seinen Geist schenken."

# Zum Verständnis biblischer Geschichten

(Auszug aus dem Anhang der Neukirchener Kinder-Bilbel)

## I. Die Eigenart biblischer Geschichten

1. Die Vielfalt der Erzählungen

Wer sich mit Kindern auf den Weg macht, die Bibel zu entdecken, ist zunächst erstaunt über die Vielzahl biblischer Geschichten. In ihnen spiegelt sich eine bunte **Vielfalt menschlicher Erfahrungen** aus vielen Jahrhunderten, aus verschiedenen Kulturen und von Menschen verschiedenster Herkunft. Aber bei aller Verschiedenheit haben diese Erfahrungen eines gemeinsam: Sie sind Erfahrungen von Menschen, denen Gott begegnet ist, offenbar oder verhüllt, unmittelbar oder vermittelt durch das Wort seiner Boten, im Licht seiner Herrlichkeit oder im Dunkel der Nacht, in heiligem Abstand oder in tröstlicher Nähe. Alle diese verschiedenen Erfahrungen sind gesammelt und von Generation zu Generation weitergegeben worden, nicht nur als Erinnerung an die Vergangenheit, sondern in der Erwartung, dass Gott selbst sich im Vollzug des Erzählens offenbaren und dem Hörer hier und heute begegnen wird.

Diese Erwartung wird durch die **Form der Erzählung** unterstrichen, in die die biblischen Geschichten gekleidet sind. An dieser besonderen Form wird deutlich, wie von Gott zu reden ist, wie das Unsagbare überhaupt aussagbar gemacht werden kann. Ganz deutlich setzen die biblischen Erzählungen der eigenen Fantasie und Fabulierlust Grenzen. Sie erzählen von ihren Erfahrungen mit Gott eher verhüllend als enthüllend, eher verhalten, aber dafür umso treffender. Mit erkennbarer Ehrfurcht wahren sie die unsichtbare Grenze zwischen Gottes Welt und unserer Welt und lassen nur an wenigen hervorgehobenen Stellen einen kurzen Blick »hinter den Vorhang« zu, verweigern sich aber im Übrigen allen zudringlichen Blicken und Spekulationen über Gott.

Auf der anderen Seite kennzeichnet die biblischen Erzählungen eine erstaunliche Vielfalt und Offenheit, wo immer sie vom Menschen reden. Anschaulich und konkret, häufig sogar in epischer Ausführlichkeit erzählen sie von den Menschen und ihren elementaren Erfahrungen, von ihren Freuden und Leiden, von ihren Vorhaben, aber auch von ihren Fehltritten. Dabei unterstreichen sie ihre jeweiligen Aussagen durch die Wahl je verschiedener **Erzählstile.**

▸ So erzählen sie zum Beispiel vom »Sündenfall« oder vom Turmbau zu Babel in **dramatischer** Dichte und Atemlosigkeit und betonen dadurch die Unerhörtheit des Erzählten.

▸ So entfalten sie andererseits in **epischer** Schlichtheit die Geschichte Abrahams und seiner Familie, wobei sie durch ihre verhaltene Erzählweise die Rätselhaftigkeit menschlicher Wege zum Ausdruck bringen, die erst im Nachhinein ihre Auflösung finden kann.

▸ So zeichnen sie wiederum ganz anders in den **Wunder**geschichten die Not der betroffenen Menschen, aber ebenso auch den heiligen Schrecken und die unbeschreibliche Freude, in die Menschen durch Gottes bzw. Jesu machtvolles Handeln versetzt werden.

▸ Vor allem in jenen herausragenden Geschichten, in denen sich Gott selbst **offenbart** oder in Gestalt seiner Engel oder in Gestalt des auferstandenen Jesus dem Menschen nahekommt – am Berg Sinai, auf dem Hirtenfeld von Bethlehem, vor dem leeren Grab –, wird der Kontrast aufgezeigt zwischen Gottes souveränem Handeln und der Ratlosigkeit des Menschen und seiner Unfähigkeit, dieses Ereignis angemessen zu erfassen.

Und dennoch: Bei aller Verschiedenheit in der erzählerischen Ausgestaltung sprechen diese biblischen Geschichten eine gemeinsame Sprache. Es ist die **elementare Sprache** der Bibel, in der die vielfältigen Erfahrungen zu Wort kommen. Diese Sprache zeichnet sich durch Einfachheit und Eindeutigkeit aus, wobei sie das Geschehen in der Weise entfaltet und »elementarisiert«, dass es gleichsam mit-erlebt, mit-gehört und mit-gesehen werden kann. Dadurch bleibt diese Sprache offen und durchlässig für eigene, immer neue Erfahrungen, die aus dem ständigen Zwiegespräch mit den biblischen Geschichten hervorgehen.

In dieser besonderen elementaren Sprachgestalt bleiben die Erzählungen der Bibel bedeutsam für alle Generationen, für die vorangegangenen wie für die nachfolgenden, für Erwachsene wie für Kinder. Eben weil sie nicht auslegen, sondern schlicht erzählen, was Menschen in der Begegnung mit Gott erfahren haben, machen sie bei aller Vielfalt ihrer Erfahrungen hellhörig für ihr gemeinsames einfältiges Zeugnis: »Ihr sollt erfahren, dass ich, der Herr, euer Gott bin.«
(2. Mose 16, 12)


2. Die Einheit der Erzählungen

Demzufolge sind alle biblischen Erzählungen in einem inneren und inhaltlichen Zusammenhang zu sehen. In ihrer gemeinsamen Ausrichtung auf den einen Gott des Alten und Neuen Testaments bleiben die Geschichten aufeinander bezogen und bilden zusammen einen vielstimmigen Chor zur Ehre Gottes. Schon innerhalb des Alten Testaments lässt sich beobachten, wie in den späten Zeugnissen der Königszeit und der sog. Babylonischen Gefangenschaft die frühen Erfahrungen Israels wieder anklingen und aktualisiert werden. Aber auch im Neuen Testament werden jene frühen Erfahrungen aufs Neue gegenwärtig und halten zugleich den Blick offen für neue, noch ausstehende Erfahrungen. Ohne dass auf den Zusammenhang ausdrücklich hingewiesen werden müsste, entdecken wir überall vielfache Bezüge, die die innere Zusammengehörigkeit aller biblischen Geschichten anzeigen:

▷ So zum Beispiel, wenn König Josia in Erinnerung an den Auszug aus Ägypten das Passafest feiert und zugleich Gott dafür dankt, was er bis heute an seinem Volk getan hat (2. Mose 12 f./2. Chron 35);

▷ wenn auch im Neuen Testament Jesus mit seinen Jüngern das Passamahl hält und damit die Verkündigung seines Todes verbindet und überdies den Blick öffnet für das künftige Festmahl im Reich Gottes (Lk 22, 17 ff.).

▷ Ebenso auch, wenn wir im Alten wie im Neuen Testament an markanten Einschnitten der Geschichte immer wieder von ohnmächtigen Menschen und übermächtigen Machthabern wie Pharao und Herodes lesen, aber ebenso auch von geheimnisvollen Neuanfängen Gottes, die sich durch die wunderbare Geburt eines Kindes ankündigen (2. Mose 1 f./Mt 1 f.).

▷ So auch, wenn im Alten wie im Neuen Testament in wiederkehrenden ähnlichen Aussagen Gottes Handeln an Menschen bekannt und weitererzählt wird:
wenn zum Beispiel erzählt wird, wie Gott »aus tiefen Wassern« rettet, wie er Menschen »in der Einsamkeit der Wüste« begegnet, wie er sich seinen Menschen naht und wie er – auf dem Berg Sinai ebenso wie auf dem Berg der Verklärung – aus einer »Wolke« zu den Menschen spricht (2. Mose 19, 16).

Immer bleibt in den jeweiligen einmaligen und konkreten geschichtlichen Erfahrungen die ganze Geschichte Gottes im Blick. Immer wird sie unausgesprochen mit-erinnert und mit-vergegenwärtigt.

In diesem Sinne fordern uns die biblischen Geschichten zur Zusammenschau (Synopse) auf, zu immer neuem Staunen über Gottes Handeln, das große Zeiträume umspannt und dennoch in sich verbunden bleibt. Und so sollte die Bibel auch gelesen werden: »als ein Buch..., so dass keiner ihrer Teile in sich beschlossen bleibt, vielmehr jeder auf jeden zu offengehalten wird« (Martin Buber), wobei die jeweilige Einzelgeschichte transparent bleibt für die vielfältigen anderen Erfahrungen, die andere biblische Zeugen zu anderen Zeiten mit Gott gemacht haben.


3. Der Weg der Nach-Erzählung

Somit weisen uns die Erzählungen der Bibel selbst den Weg, wie wir angemessen von

Gott und seinen Menschen reden und weitererzählen können. Im schlichten Lesen und Hören und im eigenen behutsamen Nachsprechen biblischer Erzählungen sollen wir selber »wie Kinder« werden und mit unseren Kindern wieder das Staunen lernen:

▶ das Staunen über die Vielfalt der Erzählungen und der in ihnen enthaltenen Erfahrungen mit Gott;

▶ das Staunen über die Vielstimmigkeit und zugleich den Zusammenklang ihrer Zeugnisse;

▶ vor allem aber das Staunen darüber, dass Gott im Erzählen und Hören dieser Geschichten hier und heute unter uns gegenwärtig sein will.

So sind wir eingeladen, mit unseren Kindern noch einmal von vorn anzufangen, um mit ihnen gemeinsam zu wachsen und miteinander in die Gemeinschaft derer hineinzuwachsen, die Gott zu allen Zeiten erfahren und bezeugt haben.

Dabei geht es »... um so elementare Dinge, dass wir uns beleidigt fühlen, wenn sie uns vorgesetzt werden, um dann doch alsbald zu entdecken, dass sie tatsächlich zum guten Teil unbekannt und unerprobt sind, dass wir noch nicht damit gelebt und gearbeitet haben... Wir trippelten schon in der hohen Schule des geistigen Lebens von Saal zu Saal... und hatten die Elementarschule, ja den Kindergarten überschlagen... Darum zurück zum ABC, zu der simplen Ordnung der Grundlinien der Heiligen Schrift, zum Leben aus dieser Ordnung und zum Denken von da aus!« (K. H. Miskotte)

## II. Das Thema der biblischen Geschichten

Die Geschichten der Bibel handeln von der einen umfassenden Geschichte Gottes mit den Menschen. Betrachtet man diese Geschichte im Zusammenhang, so fällt zunächst ihre ungewöhnliche Bewegtheit ins Auge. Nie scheint diese Geschichte zur Ruhe zu kommen. Immer wieder sind Menschen unterwegs, wagen einen Neuanfang und brechen auf zu neuen Ufern. So drängt diese Geschichte immer weiter vorwärts, nimmt den Leser in die Atemlosigkeit ihres Geschehens hinein und erweist sich darin wahrhaft als »Geschichte«, und zwar als dreifache Geschichte:

### 1. Die Geschichte der Menschen

Diese Geschichte der Menschen ist zunächst eine ganz und gar **menschliche Geschichte,** die bestimmt ist durch die Ruhelosigkeit und Ziellosigkeit des Menschen. In der Ruhelosigkeit des Menschen liegt seine Tragik. Seit Beginn der Menschheitsgeschichte steht er unter dem Fluch: »Unstet und flüchtig sollst du sein auf Erden.« (1. Mose 4, 12)

▶ Unstet und flüchtig muss **Kain** von einem Ort zum anderen fliehen (1. Mose 4, 12 ff.).

▶ Fliehen muß auch **Lot** mit seinen Töchtern. Und wenig später muss Jakob vor seinem Bruder Esau fliehen (1. Mose 19, 17 ff., 27, 41 ff.).

▶ Auch herausragende Menschen wie **Mose** und **Elia** müssen die Flucht ergreifen und lange Zeit im fremden Land verbringen (2. Mose 2, 11 ff./2. Kö 19, 1 ff.).

▶ **David** muss gleich zweimal vor seinen Gegenspielern fliehen, zunächst vor König Saul, dann sogar vor seinem eigenen Sohn (1. Sam 19 ff./2. Sam 16).

In all diesen Fällen ist das Unglück der Menschen in ursächlichem Zusammenhang mit menschlicher – eigener oder fremder – Schuld zu sehen. Menschen, die selbst das Ziel, ihre göttliche Bestimmung, aus den Augen verloren haben, werden an sich oder an ihren Mitmenschen schuldig und verursachen einen Teufelskreis von Sünde und Leid, den kein Mensch aus eigener Kraft auflösen kann.

Das ist das deprimierende Bild, das die Bibel von der Menschheitsgeschichte zeichnet. Schon in den ersten Kapiteln der Bibel zeigt sich die Hoffnungslosigkeit dieser Geschichte an, in der folgerichtig ein Unglück auf das andere folgt. Eine Geschichte, wie es scheint, ohne Ausweg!

## 2. Die Geschichte Gottes

Aber zugleich stellen wir fest: Mitten durch diese unruhige Menschheitsgeschichte zieht sich wie ein roter Faden **Gottes Geschichte.** Gott überlässt die Menschen nicht sich selbst. Er lässt sie nicht ziellos und orientierungslos ihre eigenen Wege gehen. Er greift in ihre Geschichte ein. Er macht sich selbst auf den Weg und kommt zu den Menschen.

▶ Er kommt und überwindet den tiefen Graben zwischen seiner und unserer menschlichen Welt.

▶ Er kommt in seinem schöpferischen Wort und schafft mit seinem Wort Neuanfänge in der Geschichte.

▶ Er kommt in die Tiefe der Schuld und des Leids und geht selbst den Weg ins Leiden, ja in den Tod. So tiefgreifend lässt er sich auf die Menschengeschichte ein, dass er sich selbst an sündige Menschen ausliefert.

Und dennoch bekennen ihn die biblischen Zeugen als den Herrn der Geschichte, den Herrn über die Menschen und Herrn über die Welt, als den Zielpunkt, auf den sich alles Geschehen auszurichten hat.

Nicht Atemlosigkeit bestimmt also letztlich diese Geschichte, sondern der lange Atem der Liebe Gottes, der seine Menschen durch alle Wirren und durch alle schuldhafte Verstrickung hindurch zu seinem Ziel führt.

▶ So wird **Abraham,** von Gott auf den Weg gerufen, zum Zeugen Gottes im fremden Land und zum Zeugen seiner Verheißung für alle, die nach ihm kommen.

▶ So macht sich das **Volk Israel** auf den Weg in das Gelobte Land und bezeugt damit vor allen Völkern, was Gott an ihm getan hat.

▶ So machen sich die **Propheten** im Namen Gottes auf, stellen sich Mächtigen, ja sogar Königen in den Weg und verkündigen ihnen Gottes Wort.

▶ So machen sich auch die Jünger Jesu auf den Weg in die Welt auf das Wort Jesu hin: »Gehet hin!« und im Vertrauen auf seine Zusage: »Siehe, ich bin bei euch alle Tage bis an das Ende der Welt.« (Mt 28, 18 ff.)

In ihrem Gefolge sind auch wir aufgerufen, uns auf den Weg zu machen, um anderen weiterzugeben, was uns selbst bewegt, wie es uns in Psalm 78 aufgetragen ist:
»Was wir gehört haben und wissen und unsere Väter uns erzählt haben, das wollen wir nicht verschweigen ihren Kindern, ... damit sie auf Gott ihre Hoffnung setzten und nicht vergäßen die Taten Gottes.« (Psalm 78, 3 ff.)

## 3. Die Geschichte der Zeugen Gottes

Die Geschichte der Bibel ist schließlich als eine fortlaufende **Zeugnisgeschichte** zu verstehen. Menschen, die Gottes Eingreifen in ihre eigene Geschichte erfahren haben, machen sich auf den Weg zu anderen Menschen und werden zu Zeugen Gottes in ihrer jeweiligen Umwelt und Zeit. Sie haben nichts, was sie vor anderen auszeichnet, nichts, was sie zu ihrer Aufgabe besonders befähigt, als allein das Wort Gottes, das sie selbst getroffen hat. Dieses Wort geben sie weiter mit eigenen Worten oder wortlos mit ihrem zeugnishaften Handeln.

Die ungekürzte Originalausgabe

# Neukirchener Kinder-Bibel

328 Seiten, gebunden
ISBN 3-920524-52-7

Eine Auswahl von Geschichten liegen als Hörbuch auf Audiokassette vor.
Mehr unter www.nvg-medien.de

von Irmgard Weth
mit 154 Geschichten aus dem Alten und Neuen Testament und mit 100 Bildern von Kees de Kort

15. Auflage 2004

### Die Neukirchener Kinder-Bibel setzt neue Akzente

▶ Sie erzählt in einfacher, anschaulicher Sprache und orientiert sich dabei an der elementaren Sprache der Bibel.
**Sie eignet sich besonders zum Vorlesen.**
▶ Sie baut die einzelnen Erzählungen aufeinander auf und entfaltet dabei Gottes Heilsweg mit den Menschen.
**Sie empfiehlt sich besonders zur fortlaufenden Lektüre.**
▶ Sie enthält auch solche biblischen Geschichten, die für das Wachstum des Glaubens über das Kindesalter hinaus von Bedeutung sind.
**Sie versteht sich als bewusste Hinführung zur Bibel.**
▶ Sie gibt im Anhang eine Einführung in die biblischen Texte und Themen für Eltern und Erzieher und alle interessierten Erwachsenen.
**Sie dient als Erzählhilfe und als Anleitung für das eigene Bibelstudium.**
▶ Die ausdrucksstarken Farbbilder von Kees de Kort eröffnen einen eigenen Zugang zu den biblischen Erzählungen.
**Sie eignen sich hervorragend zur Bildbetrachtung in Familie, Schule, Kindergarten und Gemeinde.**

»Herausragend in der Erzählweise, stark am Bibeltext orientiert und dennoch kindgemäß, eignet sich der Bestseller unter den Kinderbibeln in besonderer Weise für Kindergottesdienst, Schulen und Familien. Die ausdrucksstarken Bilder helfen den Kindern, die Welt der Bibel zu erschließen. Der fachkundige theologische Anhang wendet sich an Eltern und interessierte Leser und ist in seiner Art für Kinderbibeln einmalig. Eine Bibel zum Mitwachsen für Kinder ab 5 Jahre.«

 Kalenderverlag des Erziehungsvereins

Die ideale Fortführung der Neukirchener Kinder-Bibel!

# Neukirchener Erzählbibel

Neue Geschichten aus dem Alten und Neuen Testament

von Irmgard Weth
mit neuen Bildern von
Kees und Michiel de Kort
und einer Einführung
in die biblischen Bücher

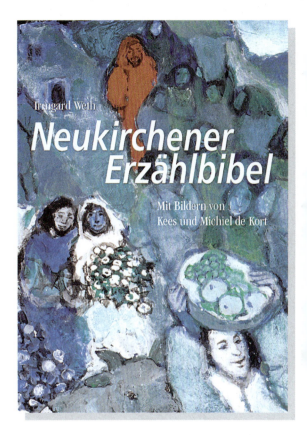

Die Neukirchener Erzählbibel baut auf die Kinder-Bibel auf und ist doch eine ganz neue, eigenständige Bibel!

▶ Sie richtet sich an junge Menschen und auch an Erwachsene, die der Bibel und ihrer Botschaft neu begegnen wollen.

▶ Sie enthält über 200 neue und weithin unbekannte Geschichten der Bibel.

▶ Sie eröffnet einen neuen Zugang zu jenen Büchern der Bibel, die für viele nur schwer zugänglich sind (z. B. die Prophetenbücher, das Buch Hiob, das Johannesevangelium, die Offenbarung)

▶ Sie lässt uns teilhaben an der Fülle menschlicher Erfahrungen mit Gott und an der Vielfalt biblischer Erzählkunst.

▶ Sie entfaltet die Geschichte Gottes mit seinem Volk in enger Anlehnung an die biblischen Bücher und lädt ein zu vertieftem Bibelstudium.

480 Seiten, gebunden
ISBN 3-920 524-51-9

„Endlich ist sie da, die ideale Ergänzung zu der bewährten Neukirchener Kinder-Bibel! Beide Bände in ihrer Ergänzung erschließen die Bibel in ihrem ganzen Reichtum. Die Sprache dieser Bibel ist klar und prägnant, die Bearbeitung der biblischen Texte geschieht sehr sorgfältig und verantwortet. Ausdrucksstark werden die Textabschnitte durch neue Bilder von Kees und Michiel de Kort ergänzt... Menschen aller Altersstufen und mit unterschiedlichem biblischem Vorwissen werden die Neukirchener Erzählbibel mit viel Gewinn lesen und erleben..."

**Die Autorin**

*Irmgard Weth,* geboren 1943, Studium der Theologie, Altphilologie und Geschichte, ist seit 1973 als Theologin und Pädagogin im Neukirchener Erziehungsverein tätig, insbesondere in der Kinder- und Jugendhilfearbeit und in der Erzieher- und Diakonenausbildung. Sie ist verheiratet und hat vier Söhne.

**Der Künstler**

*Kees de Kort,* geboren 1934 in Nijkerk/Holland, studierte an der Akademie der Bildenden Künste in Utrecht und Amsterdam, wohnt und arbeitet als Zeichenlehrer und Maler in Bergen. Seit 1966 malt er Bilder nach Motiven biblischer Geschichten für Kinder. Unter dem Titel „Was uns die Bibel erzählt" sind von ihm 28 Bilder-Bücher zur Bibel entstanden, die in mehr als 40 verschiedenen Sprachen und Ländern verbreitet wurden. Kees de Kort ist verheiratet und hat zwei Söhne.

© 2005 Kalenderverlag des Erziehungsvereins, 47506 Neukirchen-Vluyn
© Bildrechte: Kees de Kort, Bergen NH, Niederlande

Umschlaggestaltung: Hartmut Namislow
Druck: Paffrath print & medien, Remscheid
Printed in Germany
ISBN: 3-920524-55-1
Bestell-Nr.: 155439